용기력 수업

**마인드큐브(Mindcube) :**

책은 지은이와 만든이와 읽는이가 함께 이루는 정신의 공간입니다.
어제보다 더 나은 오늘을 배우는 삶의 자세와 지혜가 담긴 책을 만듭니다.

하루 한 뼘씩 성장하는

# 용기력 수업

당신은 오늘
조금 더 용감해지고
있습니다

탄야 페터스. 지음    박은결. 옮김

Mindcube

"나는 전에 그걸 시도한 적이 없어.

그러니까 나는 그걸 할 수 있다고 확신해."

— 말괄량이 삐삐

내가 매일 새로운 것을 통해 성장하고 더 발전할 수 있게 해주는
남편 페터를 위해.

★

안타깝게도 내가 한 번도 만나보지 못한
나의 오빠 슈테판을 위해.

★

결국에는 나를 무척이나 자랑스러워하셨던
아빠를 위해.
엄마를 위해

제 인생에서 높은 자신감을 갖게 해주셔서 감사해요!

★

언니를 위해.

우리 둘 중 더 멋진 사람은 언니지.
지금까지 그랬고, 앞으로도 그럴 거야.

★

미래에 훌륭하고 멋진 여성들로 자라날 한없이 예쁜
내 조카들을 위해.

너희의 꿈을 맘껏 펼치렴!
나 포함, 다른 사람들이 이래라 저래라 하는 말은 듣지 말고!

용감한 토끼와

자기주도적

삶에 대하여

짧은 이야기 하나로 시작해보려 한다.

한 숲속에서 동물들이 죽어나갔다. 무시무시한 곰이 리스트를 작성하고, 그 리스트에 이름이 적히면 죽는다는 소문이 퍼지기 시작했다. 어느 날 아침, 수사슴이 죽은 채로 발견되었다. 이에 고슴도치와 여우는 불안을 감출 수 없었다. 고슴도치가 여우에게 말했다.

"여우야, 그 얘기 들었어? 곰이 리스트를 갖고 있대. 거기 수사슴 이름이 적혀 있었는데 그래서 죽은 거래. 그 다음은, 그 다음은 분명 나일 거야."

여우와 고슴도치는 겁을 잔뜩 먹고, 죽을 걱정을 하는 것 외에 달리 무엇을 어떻게 해야 할지 대책이 서지 않았다. 둘은 해결책을 찾지 못한 채 집으로 돌아갔다. 다음날 아침, 여우가 죽은 채로 발견되었다!

고슴도치는 또다시 잔뜩 흥분한 채로 숲속을 떠돌다 작은 겁쟁이 토끼를 만났다.

"토끼야, 토끼야, 그 얘기 들었니? 곰이 리스트를 가지고 있대. 그 리스트에 이름이 적히면 죽는 거야. 거기에 수

사슴 이름이 적혀 있었는데 그래서 죽은 거래. 여우의 이름도 적혀 있었는데 여우도 죽었어. 그 다음은, 그 다음은 분명 나일 거야."

둘은 제정신이 아닌 상태로 어떻게 하면 좋을지 이야기를 나눠봤지만 대책이 서지 않았다. 그렇게 둘은 목숨을 잃을 것을 걱정하며 각자의 집으로 돌아갔다.

그 다음날 아침, 예상은 역시 빗나가지 않았다. 고슴도치가 죽은 채로 발견된 것이다. 겁쟁이 토끼는 패닉에 빠져 숲속을 돌아다녔지만 어떤 동물과도 마주칠 수 없었다. 곰이 리스트를 가지고 있고, 그 리스트에 이름이 적히면 죽는다는 게 사실인 것 같았다. 토끼는 그 다음이 분명 자신의 차례일 거라고 생각했다.

작은 토끼는 죽음에 대한 큰 두려움에 사로잡혔다. 그는 평소에 일상에서 발휘해본 적 없던, 자신이 가진 모든 용기를 끌어모았다. 그 덕분에 한편으로는 조금 용감해지고, 다른 한편으로는 여전히 겁에 질린 채로, 토끼는 곰이 사는 동굴로 향했다. 동굴에 도착한 토끼는 크게 숨을 들이마신 뒤 문을 노크했다. 그러자 곰이 투덜거리며 동굴 앞의 돌문을 열고 나왔다. 그는 잔뜩 찡그린 얼굴로, 그러나 한편으로는 호기심에 찬 표정으로 문 앞의 토끼를 바라봤다. '요놈 봐라?' 곰은 생각했다.

작은 토끼는 동굴로 오는 내내 중얼거리며 곰에게 연습했던 질문들을 하기 시작했다. "곰아, 그게 사실이니? 네가 가진 리스트에 이름이 쓰이면 죽는다는 게?"

"그래." 곰이 으르렁거렸다. "사실이야!" 작은 토끼는 떨리는 목소리로 질문을 이어갔다. "곰아, 내 이름도 리스트에 있니?" "그럼." 곰이 대답했다. "네 이름도 있지. 봐봐, 여기 있잖아. 네가 다음 차례로군!"

대답을 들은 작은 겁쟁이 토끼의 심장은 터질듯이 뛰었다. 그 순간, 토끼는 자신이 얼마나 삶을 사랑하는지를 떠올렸다. 그 생각은 토끼로 하여금 남아 있는 마지막 용기까지 쥐어짜게 만들었다. 토끼는 마지막으로 또 한 번 물었다. "곰아, 리스트에서 내 이름 좀 지워줄 수 있겠니?" 토끼의 질문에 놀란 곰은 눈을 크게 떴다. 곰은 작은 토끼의 질문에 깊은 감명을 받았다. 그에게는 다음의 대답 외에 딱히 다른 말이 떠오르지 않았다. "좋아, 작은 토끼. 네가 그렇게 단도직입적으로 묻는다면, 내 리스트에서 너의 이름을 지워주지!"

그렇게 해서 작은 토끼는 곰의 리스트에서 이름을 지울 수 있었고, 그는 그때부터 스스로를 '용감한 토끼'라고 칭했다. 아직 죽지 않았다면, 용감한 토끼는 숲속 어딘가에서 여전히 용감하고 즐겁게 살고 있을 것이다.[*]

사람들은 나에게 항상 용감하다고 했다. 왜냐고? 내가 고향인 쾰른에서 지낼 때, 커리어와 관련한 결정을 내릴 때면 늘 큰 자신감을 보였기 때문이다. 결과적으로 나와 내 커리어 개발에 대한 외부의 시선이 다른 사람들로 하여금 내가 항상 용감하고 대담한 여성이라는 생각을 하게 만들었다.

내가 커리어 개발에 있어 큰 자신감을 가질 수 있었던

---

[*] 작가 미상. 이 이야기는 내가 지은 것이 아니다. 한 세미나에서 들은 이야기인데, 그 이후에도 여러 사람들로부터 다양한 버전으로 접했다. 여기에 적힌 것은 나의 버전이지만, 원래의 이야기는 내 것이 아니다.

용기력 수업

건 순전히 우리 엄마 때문이다. 엄마는 내게 언제나 이렇게 말씀해 주셨다. "탄야, 네가 말하는 걸 보니 나중에 변호사가 되거나 총리가 되겠구나." 행사 진행자나 유명 연예인이 아닌, 하필 그 두 개의 직업을 거론한 이유는 우리 엄마만 아신다.

난 한 번도 변호사가 되거나 정계에 발을 들이고 싶었던 적이 없지만, 그래도 항상 뭐든 될 수 있다고 믿으며 살았다. 젊은 독자들에게 살짝 귀띔해주자면 나는 헬무트 콜(Helmut Kohl. 1982년부터 1998년까지 독일 총리로 재임하며 독일의 통일을 이뤄낸 정치인 ─ 옮긴이) 시대에 학창시절을 보낸 사람이라, 내가 청소년일 때까지는 이렇게 빠른 시일 안에 여성 총리(앙겔라 메르켈(Angela Merkel) 총리를 말함 ─ 옮긴이)를 보게 될 줄 몰랐다. 그 당시는 성당에서도 여성에게 중요한 '임무'를 맡길 수 없다며 미사 중에 사제를 돕는 복사(服事) 역할을 맡기지 않던 시기였다. 그래서 그때의 나에게는 내가 미래에 총리가 될 수도 있다는 생각이 지금보다 훨씬 크고 강렬하게 다가왔다.

'모든 것이 가능하다'는 믿음이 나를 지탱했고, 나는 그

덕분에 직업과 관련된 문제에서 큰 두려움이나 회의감, 한계를 느껴본 적이 없었다. 나는 자주 이렇게 생각했다. 지금 여기서 하는 일이 잘 안 되면 다른 곳에 가서 더 많은 돈을 받으며 일하지 뭐. 결과적으로 나는 살면서 두 번 해외로 이주했다가 고향인 쾰른에 대한 향수, 이곳에서의 삶과 대성당에 대한 그리움이 너무 커졌을 때 다시 고향으로 돌아왔다.

나는 체코어를 한 마디도 못 하는 상태로, 그리고 체코라는 나라에 대해서나 그 문화에 대해 전혀 모르는 상태로, 프라하의 한 통신사에서 업무용 소프트웨어 프로그램인 SAP 관련 프로젝트를 이끈 적도 있다. 내가 몇 달 후면 프라하로 가야 한다는 사실이 확정되자, 나는 그제야 지도를 꺼내들어 프라하가 어디에 위치하고 있는지 찾아 볼 정도였다.

나는 사람들이 소위 말하는, '그렇게 해서는 안 됐던 시기'임에도 불구하고 새로운 직업을 구하지 못한 상태에서 하던 일을 그만둔 적이 여러 번 있다. 하지만 내가 몇 년 동안 실업자 상태로 지내거나 좋은 직업을 찾기 힘들 거라는 많은 사람들의 추측과 달리, 나는 항상 이른 시일 안에 다시 임금을 받는 근로자의 위치로 복귀했고, 그중 대부분이 좋은 자리였으며, 심지어 가끔씩은 연봉을 올릴 수도 있었다.

그리고 마침내, 나는 살아남기 매우 어렵다는 업계에서 내 사업을 펼치기에 이르렀다. 사실 코칭 분야는 겉에서 보기엔 이미 포화상태였다. 이 분야에서 자리를 잡고 전문가로서의 위상을 확보하고 성공적으로 사업을 영위하는 것은 나의 능력과 잠재력에 대한 굳건한 믿음, 그리고 상당한 지구력이 필요한 일이었다.

이 모든 것이 사실 나에겐 크게 어려운 일이 아니었고, 그래서 나는 나 자신이 그렇게 용감하다는 생각을 하지도 않았다. 그저 일이 잘 풀리리라고 믿었을 뿐이다. 나는 하던 일을 그만두고 짐을 싸 비행기에 탔다. 항상 새롭게 도전했고 그 결과는 대부분 성공적이었다. 여기까지가 나, 탄야의 대담한 면에 대한 이야기이다.

하지만 내 안에는 또 다른 면이 존재한다. 그곳에서는 두려움이 지배적인 위치를 차지하고 있다. 그곳에는 여러 가지의 크고 작은 삶의 두려움이 소용돌이 쳤다. 내가 솔직하게 나의 의견에 따라 행동하거나, 내가 원하는 대로, 나에게 더 바람직한 방향으로 친구나 연인 사이를 발전시키는 과정에 제동을 걸곤 했다. 나는 내가 모자란 사람이라는 생각 때문에 결국 사랑받지 못하게 될 것이란 두려움이 너무 커서 원래의 내가 아닌 모습을 자주 보이곤 했다.

나는 종종 다른 사람들이 나에 대해 생각하는 모습이나, 그들이 으레 나에 대해 기대하는 모습이라고 추측되는 방향에 내 행동을 맞추곤 했다. 그리고 사람들과의 갈등을 회피했다. 갈등으로 다른 사람의 마음을 아프게 하거나 누군가를 실망시키는 것, 타인의 사랑과 인정을 받지 못하게 되는 상황에 대한 두려움이 너무 컸기 때문이다. 그런 상황을 초래하느니 차라리 '노'라고 말하고 싶은 속마음을 감추고 '예스'라고 대답하는 편이 나았다. 또한 나에게는 상사로부터 인정받는 것이 내가 느끼는 부담감, 과로, 휴식에 대한 바람보다 더 중요했다.

평생 스스로의 체중에 불만을 갖고 몸무게와 싸워온 사

람으로서, 나는 간혹 공공장소에서 무언가를 먹는 것에 불편함을 느꼈다. 예를 들어 기차에서 내 맞은편 자리에 핸섬한 남자가 앉아 있다면, 나는 아무리 배가 고파도 샌드위치를 먹을 수 없었다. 도심에서 커리 부어스트(소시지 위에 소스와 카레 가루를 뿌려 먹는 독일의 대표적 길거리 음식 ─ 옮긴이)는 먹을 수 있었냐고? 그럴리가! 난 사람들이 이렇게 생각할까 봐 두려웠다. '지금 몸 상태에서 커리 부어스트까지 먹겠다고? 엉덩이를 더 키울 셈인가?'

나는 고소공포증이 있고, 속도를 높이는 것도 무서워한다. 나라는 사람은 오토바이 뒷자리에 절대 타지 않으며, 브레이크를 잡지 않고는 단 한번도 ─ 어린 아이였을 때조차도 ─ 언덕에서 자전거를 타고 내려온 적이 없다.

반면 언니는 나보다 용감했다. 언니는 어렸을 때부터 자전거로 이곳저곳을 돌아다녔고, 내리막길에서는 전속력으로 달렸으며, 그러다가 종종 넘어지기도 했다. 언니는 위험을 감수할 줄 알았으며 고도나 빠른 속도를 즐길 줄 알았다. 넘어진다 하더라도 그냥 가볍게 툭툭 털고 일어났고, 먼지와 피를 닦은 뒤 계속 달렸다. 하지만 나는 자전거를 타다 넘어지기라도 하면 용기를 내서 다시 자전거에 오르기까지 엄청나게 오랜 시간이 걸렸다. 시간이 흐르면서 자전거에 대한 나의 두려움은 계속 쌓여만 갔다. 아무리 달리려고 애써봤자 달팽이 같은 속도밖에 내지 못하는 나 때문에 남편은 결국 2인승 자전거를 샀다. 남편도 나를 기다려주는 데에 지칠 대로 지쳤고, 나 또한 우리 둘의 속도 차이에서 오는 스트레스를 더이상 감당하기 싫었기 때문이다.

2인승 자전거를 타고 떠난 일주는 그야말로 환상적이었다. 나는 어느 길로 가야 할지, 아니면 장애물을 어떻게 피해야 할지 고민할 필요가 없었다. 뒷자리에 앉아 그저 페달만 밟으며 앞자리에서 방향을 조종하는 남편에게 모든 걸 맡기면 되었다. 나는 피부에 내리쬐는 햇살과 머릿결을 흩날리는 바람을 온전히 즐길 수 있었다. 정말 아름다운 순간들이었다. 하지만 인생이란 늘 좋을 수만은 없듯, 나는 2인승 자전거에서도 넘어지고 말았다. 비록 가볍게 넘어지긴 했지만, 또다시 넘어지고 나니 2인승 자전거도 시큰둥해지고 말았다. 오랫동안 차고에 보관해두었다가 나중에는 결국 팔아버렸다.

보시다시피 나는 이렇게 길고 긴 겁쟁이 이력을 가지고 있다. 내가 한 일, 내가 도전할 만한 일은 내가 가진 두려움에 의해 자주 좌지우지됐다. 내가 움직일 수 있게 허락된 공간은 많은 경우에 제한돼 있었으며, 내가 할 수 있는 일은 용기가 아닌 회의감과 부끄러움에 의해 결정되었다.

수년의 세월이 흐르는 동안 나의 운신의 폭은 점점 좁아졌다. 나는 점점 다람쥐 쳇바퀴 돌듯 살았고, 점점 내 감정에 충실하지 못하게 되었으며, 다른 사람들의 요구나 바람에 따라 움직였다. 내 스스로의 박자를 찾지 못하고 다른 사람의 리듬에만 맞추며 살았다.


스트레스가 쌓일 대로 쌓였던 시기의 일이다. 나는 당시 구매팀장 겸 소규모 사업 공동체의 이사직을 맡고 있었다. 몇 가지 실수로 인해 대규모 공급절차에 차질이 빚어졌고, 이 문제로 급기야 법정까지 가게 되었다. 일을 이 지경에 이르게 만든 실수가 다 내가 저지른 잘못은 아니었으나, 모든 것이 내 책임범위에 속하는 일들이었다. 그리고 나는 이 일에 투입된 예산이 얼마인지도 잘 알고 있었기 때문에,

회사가 이번 실수로 지불해야 할 비용이 얼마일지도 알고 있었다. 지금 돌이켜보면 이때의 상황은 마치 물이 찰랑찰랑 넘칠 듯이 가득 찬 통에 추가로 물을 잔뜩 더 들이붓는 격이었다는 생각이 든다. 그 당시에 나는 스스로의 실수에 잘 대처하는 방법을 확립하지 못한 상태였고, 온갖 두려움과 회의감으로 좁아질 대로 좁아진 나의 틀 안에는 그 사건까지 포용할 수 있는 공간이 남아 있지 않았다.

일은 결국 터지고야 말았다. 내 몸이 경고신호를 보내기 시작한 것이다. 시간이 갈수록 점점 숙면을 취하기 어려웠고, 늘 피로감에 시달렸으며, 신경성피부염 비슷한 피부질환을 달고 살았다. 하지만 초기에는 이 모든 증상을 씩씩하게 무시했으며, 얼마 동안은 같은 회사 직원들과 상사, 그리고 무엇보다 스스로에게 마치 모든 것이 통제 하에 있는 것처럼 굴었다. 그러던 어느 날, 개인적으로 내 인생을 완전히 뒤바꿔놓았던 커다란 사건이 발생하고 말았다.

2009년 12월 12일, 나는 자고 일어난 직후 내 머리에서 머리카락이 하나도 없는 부분이 있음을 발견했다. 이 날짜는 절대 잊히지 않는다. 그로부터 10주 후, 나는 전체 머리카락의 90퍼센트를 잃었다. 진단받은 정확한 병명은 원형 탈모증(Alopecia Areata)으로, 자가면역 질환의 일종이라고 했다. 이는 신체가 적군과 아군을 구분하지 못하고 스스로의 머리카락을 공격하는 바람에 탈모에 이르는 질환이었다.

나와 같은 입장이 되었다고 가정한다면, 일이 발생한 초기에는 두려움에 사로잡히는 모습을 쉽게 상상할 수 있을 것이다. 그리고 나는 자연스럽게 다음의 질문들을 스스로에게 수차례 던졌다. 왜 하필 나일까? 나는 도대체 얼마나 아픈 걸까? 이 다음엔 어떤 일이 일어날까? 내가 대체 뭘 잘못한 거지? 나는 내 머리카락이 언젠가 다시 자라나기는 할지, 그렇다면 그게 정확히 나의 삶, 파트너십, 직업에 있어 어떤 의미를 지닐지도 자문해보았다. 그중 가장 어려운 질문이자 동시에 가장 커다란 두려움을 안기는 질문은 이것이었다. 머리카락이 사라지고 나면 나에게는 어느 정도의 여성성이 남아 있게 될까?

2010년 2월, 나는 두 가지의 큰 결단을 내렸다. 첫 번째는 내 삶을 다시 정리해보고 병의 원인을 파헤치기 위해 병가를 내는 것이었다. 그리고 두 번째는 내 머리에 빈약하게나마 남아 있던 머리카락들을 마저 밀어버리는 것이었다. 이를 실행에 옮긴 후, 나는 내 두상이 예쁘다는 사실과 — 이것은 머리카락을 밀지 않는 이상 잘 알 수 없는 사실이다 — 삭발한 머리가 내게 잘 어울린다는 사실에 꽤 놀랐다.

그 후 몇 주의 시간이 흘렀다. 내가 처한 상황에 잘 대처하려면, 다른 사람들에게 있는 그대로의 내 모습을 보여주는 것 외에는 다른 방법이 없다는 사실이 분명해졌다. 그래서 가발이나 두건을 쓰지 않은 채 일상에 뛰어들기로 결정했다. 나는 당시 직장에서 12명의 직원들을 책임지는 자리에 있었다. 그 외에도 공급업체와 고객들, 팀원들과의 지속적인 미팅은 이사회와 결정권자들 앞에서 업무보고를 하거나 새로운 고객을 확보하는 것만큼이나 중요한 일과였다.

매일 스스로와 이 모든 사람들을 대머리인 상태로 마주한다는 것, 이로써 사람들이 흔히 약점이라고 생각하는 부분, 즉 병을 앓고 있다는 사실을 드러낸 채로 사람들을 대면한다는 것은 정말 쉽지 않은 일이었다. 하지만 내 입장에

용기력 수업

서는 이것만이 내가 선택할 수 있는 유일한 길이었다. 매일 아침 가짜 머리카락을 머리에 접착(그렇다, 나는 그 당시에 가발을 말 그대로 머리에 '접착'해야 한다는 설명을 들었다)시켜야 한다든가, 미끄러져 흘러내리고, 너무 덥고, 내가 입는 옷과도 정말 안 어울리는 두건을 쓰는 방안은 단호하게 거부했기 때문이다. 무언가를 숨기거나, 누군가의 맘에 들기 위한 행동은 선택지에서 제외한 결과였다. 눈에 띄지 않으려고 하거나, 타인의 시선을 피하는 것 역시 마찬가지였다. 나의 상황을 분명하게 드러내고, 고개를 당당히 든 채로 세상을 향해 나아가는 것만이 내가 이 상황을 어떻게든 헤쳐나갈 수 있는 유일한 길이었다.

이 과정을 통해 나는 용기는 일종의 근육이고, 훈련으로 그 근육을 키울 수 있다는 사실을 깨달을 수 있었다. 대머리로 매일 전철에 타고, 공급업체와 고객들을 만나고, 발표를 하고, 직원들과 동료들을 만나는 일상은 나의 용기근육을 강하게 만들어주었고, 이로써 나는 전보다 강한 사람이 되었다.

나는 드디어 율리아 엥겔만(Julia Engelmann. 1992년생 독일 브레멘 출신의 배우이자 시인 — 옮긴이)이 그녀의 시에서 "용기가 행복의 동의어라는 걸 알 거야!"라고 말했던 것이 무슨 뜻인지 이해하게 되었다. 매일 용기를 훈련하고, 자신이 가진 두려움과 맞서는 것이 자기주도적이고 자유로운 삶으로 향할 수 있는 가장 좋은 방법이다.

나는 용기근육을 더욱 강화할 수 있는 계획을 지속적으로 세우기 시작했다. 그제야 용기근육 훈련의 맛을 보게 된 나는, 이 훈련만이 내가 나의 의지대로 행동할 수 있도록 해주는 유일한 방법이라는 사실을 이해한 셈이다.

나의 용기근육 강화훈련을 위한 행동 리스트에는 다음과 같은 것들이 적혀 있었다.


- 파티에 혼자 참석하기
- 좀더 자주 '아니오'라는 대답을 하도록 용기를 내고, 그 결정을 밀고 나가기
- 어떤 일에 대해 나 스스로가 어떻게 생각하는지 먼저 묻고, 그 다음에 다른 사람들이 이에 대해 어떻게 생각할지

고민하기

- 자전거를 탈 때 브레이크를 너무 많이 잡지 않고, 산에서 자전거를 타고 내려갈 때 불어오는 바람을 좀더 즐기기
- 나를 작아지게 만들고, 나에게 스트레스를 주고, 나를 힘들게 하는 사람들과의 친구관계는 모두 정리하기
- 스스로를 다른 사람의 기준에 맞춰 왜곡하지 말고, 있는 그대로의 나도 사랑받을 수 있다는 사실을 믿기

여기서 흥미로운 것은 내가 대머리라는 사실이 나의 훈련에 도움이 됐다는 점이다. 이는 병이 가져다주는 일종의 부차적인 이득에 속한다. 인생의 거의 모든 순간과 마찬가지로 모든 일에는 밝은 면과 어두운 면이 공존한다. 머리카락을 잃었다는 사실은 어두운 면이었다. 반면 많은 사람들이 나를 '안쓰럽게' 여겨서 평소라면 좀더 강하게 비판했을 몇 가지 일들을 이해해주었다는 점은 밝은 면으로 꼽을 수 있다. 훈련 초반에는 이것이 대단히 큰 도움이 되었다.

다른 사람들이 버킷 리스트를 작성하고 실행에 옮기는

것처럼, 나 또한 탈모를 겪은 이후로 나의 용기근육 강화훈련 리스트를 실행에 옮기고 있다. 나는 차츰차츰 내 삶을 되찾았고, 다시 스스로의 장단에 맞춰 춤을 추게 되었다. 그렇게 겁쟁이 탄야는 다른 사람들이 두려움에 맞서 성장할 수 있도록 돕는 오늘날의 용감한 여성이 될 수 있었다.

나는 이 경험을 통해 강인하고 명료하고 용감해질 수 있었으며, 나중에는 머리카락도 다시 기를 수 있었다. 해당 증상을 겪고 있는 모든 사람들에게 이야기하자면, 정확히 무엇이 머리카락을 다시 자라나게 하는지는 아무도 모른다. 나 또한 알지 못한다. 이는 나만의 이야기, 나에 관한 진실일 뿐이다. 다른 사람들은 다른 신체를 가지고 있고, 다른 체질과 생활양식을 갖고 있으며, 이로써 다른 도전에 직면해 있으리라고 생각한다. 나의 경우 탈모는 내가 나 자신의 욕구와 내면의 진실에 반하여 살아왔고 지속적으로 걱정과 스트레스에 시달리고 있었음을 알려주는 분명한 신호였다. 이를 바로잡은 뒤에는 — 이는 수년 동안 심리전문의와 치료사, 좋은 의사들의 도움을 받았기에 가능한 일이었다 — 머리숱이 거의 완전히 회복되었다. 머리카락이 시작되는 부분과 목덜미의 경계에 남은 작은 자국만이 이 당시의 기억을 떠올리게 해줄 뿐이다.*

나는 용감하게 스스로 택한 길을 가면 계속해서 나 자신을 다른 사람의 기준에 맞출 때보다 훨씬 덜 힘들고 스트레스도 적게 받는다는 사실을 깨달았다. 내가 가장 놀랐던 사실은, 내가 분명하게 행동하면 할수록 다른 사람들도 일이 쉬워진다는 점이었다.

그게 왜 가장 놀라웠냐고? 내가 수년간 결정과 갈등 때문에 골몰하거나 모호하고 불분명하게 굴었던 이유는 오로지 누구도 실망시키지 않기 위해서였기 때문이다. 하지만 결국엔 분명하게 자신의 의견을 고집하는 사람보다 '우유부단하게 구는' 사람이 대부분의 사람들을 더 힘들고 어렵게 만든다는 결론을 내렸다. 누군가 내게 이 사실을 좀더 일찍 이야기해줬더라면 그간의 수고를 덜 수 있었을지도

● 혹시 당신이 원형탈모증을 겪고 있다면 부록에 실린 글도 꼭 읽어보길 권한다!

모르겠다. 하지만 다른 한편으로는 이 사실을 누군가가 그렇게 쉽게 말해줬다면 그 말을 믿지 않았을 거라고 생각한다. 사람은 스스로 경험하기 전까지는 무언가를 진짜 이해하고 받아들이고 배우기 어려워 하니까.

나는 오늘날까지 많은 시행착오를 겪으면서 독자들과 이 책을 통해 나누고 싶은 몇 가지를 배울 수 있었다. 당신의 자기주도적인 삶을 위해 내가 해줄 수 있는 제안과 이에 대한 바람직한 관점은 다음과 같이 정리할 수 있다.

- 자신의 한계에 도전하려면 도전할 의미가 있는 대상을 찾아라. 담력 시험을 하며 시간을 보내기에 우리의 인생은 너무나 짧다.*
- 실수에 잘 대처하는 법을 터득하라. 스스로에게 실패를 허락해주지 않으면 도전 자체가 지나치게 어려워진다.

---

- 왜 담력 시험을 권하지 않느냐고? 이 부분에 대해서는 '담력 시험을 할 것인가, 아니면 용기 있는 삶을 살 것인가'에서 더 자세하게 설명하고 있다.

"우리는 실수를 하는 게 아니라, 경험을 쌓아가고 있을 뿐이다."

- 자기 자신과 스스로의 발전을 다정한 시선으로 바라보는 연습을 하라. 자신을 평가절하하고 비판하면 오래 버티지 못한다.

- 다른 사람들의 말은 듣지 마라. 당신이 발전할 수 있는 적정 속도는 정해져 있고, 당신이 출발할 수 있는 시점도 정해져 있다. 이는 모두 당신만의 고유한 것이지, 다른 사람들의 것이 아니다.

- 스스로를 용기 있는 사람의 본보기로 삼아라. 다른 모든 이들은 당신이 가야 할 길과 무관한 사람들이다. 또 스스로를 다른 사람들과 자주 비교하는 것은 불만족을 키울 뿐이다. 비교는 삼가는 것이 좋다.

이 책과

책의 활용에

대하여

나는 이 책을 통해 그대들에게 용기를 주고 싶다. 그렇다. 당신이 하고자 하는 일이 무엇이든, 당신이 그 일을 할 수 있게끔 용기를 주고 싶다!

나는 당신이 다른 사람들의 기대나 요구로부터 당신의 인생을 자유롭게 할 수 있도록 도움을 주고 싶다. 당신이 용기와 믿음을 지니며, 길이라는 것은 걷고 있는 자의 발아래 놓이게 마련이라는 것을 깨닫고, 두려움에도 불구하고 도전하는 법을 배울 수 있도록 해주고 싶다.

그래야만 우리가 이미 우리에게 익숙하고 안전하다고 느끼는 영역에서 벗어나 새로운 것을 시도하고 큰 목표에 도전할 수 있기 때문이다. 우리는 새로운 것이 아니라면 이미 그것을 향해 나 있는 길이 어디인지 알고 있다. 하지만 우리에게 이미 익숙한 길만 선택한다면 어떤 새로운 것도 경험할 수 없게 된다.

나는 이 세상이 용감한 자들의 것이라고 굳게 믿는다. 하지만 나는 용감한 자들이 태어날 때부터 용기를 타고났다고 생각하지 않는다. 물론 일부 사람들의 경우는 그랬을 수도 있다. 스스로와 세상에 대한 믿음을 오롯이 간직한 채 성장했을 수도 있다. 누군가 곁에서 한결같이 자기를 믿어주고 큰 목표에 도전하라고 용기를 북돋아줬을 수도 있다. 어느 누구도 그들을 낙담시키지 않고, 무시하지 않았을 수도 있다. 믿음을 잃고 의심이 커질 수밖에 없는 일이 평생 생기지 않았을 수도 있다. 하지만 과연 몇 명이나 그럴 수 있을까? 정말 극소수의 사람들밖에 없을 것이다!

용기근육 훈련에서는 당신이 어떤 성장과정을 겪었는지, 그동안 무엇을 배웠는지 상관이 없다. 당신이 스스로 어떤 믿음을 가지고 있든, 당신이 할 수 있다고 생각하는 일, 할 수 없다고 생각하는 일이 무엇이든 상관이 없다. 자신이 가진 강점과 힘, 자신의 용기근육을 발견하고 훈련을 시작하기에 늦은 나이란 없다. 모든 마라톤 선수들이 결국엔 동일하게 42.195km를 뛰기 위해 훈련 목표를 세우는 것과 같은 이치이다. 이와 마찬가지로, 당신도 매일 강해지고 독립적인 사람으로 거듭날 수 있는 용기근육 훈련계획을 세울 수 있다.

작은 걸음들, 의미 있는 목표와 중간지점, 철저한 준비,

선별된 경주 구간, 도로변의 지지자들을 지나, 목표지점을 바라보며 뛰는 것이다. 그 다음에는 자신이 거둔 성공을 축하하면 된다. 여기에서 무엇을 축하하고 싶은지는 오로지 당신과 당신의 인생에 달려 있다.

- 부상 없이 목표지점에 도달했다!
- 목표한 시간을 지켰다!
- 가장 빨리 달렸다!
- 비록 내가 가장 덩치가 크지만, 혹은 나이가 제일 많지만, 혹은 운동에 소질이 제일 없지만, 그래도 해냈다!

용감한 인생을 사는 건 가장 높은 산에서 뛰어내려야 하는 것을 의미하는 게 아니다. 용감한 인생을 산다는 건, 자기주도적으로 산다는 의미이다. 이는 자신이 가야 할 길을 다른 누군가의 의견에 맡기지 않고 오직 자신의 내면의 나침반으로 결정한다는 뜻이다. 새로운 것을 시도해보고 그 과정에서 이따금씩 실패하기도 하지만, 그럼에도 포기하지 않고 다시 시도하는 등 자신의 능력을 충분히, 완전히 활용하는 것이다. 기존의 자신의 한계를 뛰어넘는 것이다.

이는 곧 자신이 원하는 대로 인생을 산다는 의미이다. 직장에서든 개인적인 삶의 영역에서든, 자신이 원하는 바로 그것을 얻기 위해 자신이 가지고 있는 잠재력과 능력을 완전히 활용한다는 의미이자, 정말 온 진심을 다해 인생을 산다는 의미이다.

이 책은 다음과 같은 부분에서 당신에게 도움을 줄 수 있다.

- 용기라는 개념 이해하기
- 외부의 영향을 받지 않고 자신에게 올바른 결정 내리기
- 자신과 자신의 인생에 맞는 새로운 계획 세우기
- 기꺼이 실패해보기
- 자기 스스로에 대한 애정 어린 시선 키우기
- 더욱 용감해지기
- 자신의 목표 이루기
- 자신의 인생에서 주도권 되찾기

- 인생을 변화시키기

이 책이 도움을 줄 수 없는 부분은 다음과 같다.

- 당신이 가진 두려움을 마법처럼 사라지게 하기
- 훈련 없이 원하는 바를 얻게 해주기
- 당신을 21시간 내에 부유하게, 날씬하게, 성공적으로 만들어주기

당신은 어쩌면 삶에서 많은 결정권을 쥐고 싶은 마음에서 이 책을 구입했을지도 모른다. 어쩌면 위기에 직면하고 있어 삶의 새로운 터닝 포인트를 찾기 위해 용기가 필요한지도 모르겠다. 아니면 약간 더 용감해진다는 것이 당신의 삶에 어떤 가능성을 열어줄지 그저 궁금한 마음에 이 책을 산 것일지도. 당신의 동기가 무엇이든 간에, 이 책은 자신의 삶을 주도적으로 이끌고자 하는 모든 이들을 위해 좋은 길잡이가 될 것이다.

그럼 이제부터 함께 여정을 떠나보도록 하자. 누가 알

겠는가? 나중에 이 모든 과정이 당신의 인생을 바꿔놓을
지.

긴 여정을 함께 떠날 때는,

- 우선 서로를 잘 아는 것이 중요하다. 초반에 내 개인적인
  이야기를 들려준 것은 바로 그때문이다.
- 말을 편하게 하는 것이 중요하다. 우리가 서로에 대해 잘
  아는 가까운 사이가 될 가능성이 높기 때문이다. 사실 정
  확히 말하면 아마도 당신이 나에 대해, 그리고 당신 스스
  로에 대해 정말 잘 알게 될 것이다.
- 호기심에 가득 찬 태도, 열려 있는 태도, 그리고 정직함이
  중요하다. 왜냐하면 변화와 발전은 다음의 것들을 필요
  로 하기 때문이다.
  - 새로운 것에 대한 호기심과 이를 통해 마음을 열 수 있는 가
    능성,
  - 다른 관점에서 대상을 바라볼 수 있는 개방적인 태도,
    그리고 정직함. 자기 자신과 자신의 삶에 대해 정말 솔직해질

수 있어야 비로소 변화와 성장이 가능하기 때문이다.

이 책은 당신이 읽고, 영감을 얻고, 배운 바를 실행에 옮길 수 있도록 돕는 책이다.

당신은 또 이 책 중간중간에서 새롭고 흥미로운 인물들 — 곧 만나게 될 마렌(Maren)을 비롯하여 — 을 소개받게 될 것이다. 이들도 역시 자신의 용기근육을 훈련한 적이 있다. 두려움을 깨고 용기를 내면 어떤 일들이 가능한지 그들로부터 직접 이야기를 들어보도록 하자. 얼마나 다양한 형태 — 때로는 매우 조용하고 작게, 때로는 삶을 바꾸어놓는 커다란 규모로 — 의 두려움과 용감한 행동이 존재할 수 있는지 놀라게 될 것이다.

그럼 즐거운 독서시간이 되길 바라고, 그보다 더 즐거운 **#용기근육훈련** 시간이 되길 바란다.

당신의 탄야가

# 용기에 대하여

담력 시험을 하기엔 우리의 인생이 너무
짧다! 당신의 시간과 에너지는 더 의미
있는 한계를 극복하는 데 쏟아라.

우리가 주의를 기울여야 할 부분은 일상
의 행동이다. 모험심 대신 일상의 용기를
키우고 훈련하라.

# 용기에 대한 착각과 오해

사람들은 '용기'의 본질에 대해 자주 오해하고 혼동하며 대부분 잘 알지 못한다. 독자들이 잘못된 인식에서 벗어나 좀더 쉽게 용기를 훈련할 수 있도록, 이 자리에서 용기에 대한 몇 가지 착각과 오해를 바로잡고자 한다.

## 용기 있는 사람은 겁이 없다

이는 분명 용기에 관한 가장 큰 착각이다. 사실은 그 반대이다. 무언가를 할 때 두렵지 않다면 용기가 필요 없다. 그냥 하면 된다. 겁이 나고 두려움이 생길 때에만, 이를 극복하기 위한 용기도 필요한 것이다.

따라서 이 책의 목표는 모든 두려움을 떨쳐버리는 것이 아니라, 어떤 일에 두려움을 느끼면서도 그 일을 시작할 수 있게 하고, 겁이 나더라도 자신의 능력을 충분히 발휘할 수 있도록 하는 것이다.

용기는 두려움 앞에 멈춰 서지 않고 이를 극복하게 해주는 능력이다. 또한 두려움을 인지하면서도 그것에 지배당하지 않는 능력이다. 두려운 상황에서도 자신을 제어할 수 있는 법을 터득했다면 자유롭고 자주적인 삶 앞에 당신을 막아설 것은 아무것도 없다.

즉, 용기를 갖기 위해서는 두려움이 전제되어야 한다. 두려움 없이는 용기도 없고, 용기가 필요한 상황도 없다. 이렇게 생각하면 두려움을 적이 아닌 친구로 받아들일 수 있을지도 모르겠다. 사실 두려움이라는 감정은 우리에게 잠재적 위험에 대해 경고해주는 역할을 한다.

새로운 일을 앞둔 우리에게 '다시 한 번 똑바로 살펴보고 정말 이 일을 하고 싶은지 잘 생각해봐'라고 말해주는 것이다. 이렇게 두려움은 우리로 하여금 눈앞의 일을 다시금 살펴보게 함으로써 더 잘 대비할 수 있도록 해준다. 배우나 가수들을 생각해보자. 그들은 과연 무대공포증을 완전히 떨쳐내고 싶어 할까? 그렇지 않다. 막이 오르기 전에 분비

되는 약간의 아드레날린과 그로 인한 적당한 흥분상태는, 집중력을 향상시키고 존재감을 키워줄 뿐만 아니라 태만해 지는 것을 막아주어 아무리 경험이 많은 사람이라도 무대 에 충분히 대비하고 집중할 수 있게 해준다.

## 용기 있는 삶을 살기 위해서는 모험심이 필요하다

사람들은 종종 용기와 모험심을 혼동한다. 그래서 용기 에 대해 이야기하면 주로 아드레날린이 솟구치는 일이나 자연의 법칙을 거스르고 해내는 무언가를 떠올리곤 한다. 쉽게 부상이나 사고로 이어질 수 있는 그런 일들 말이다. 나는 여기서 누군가의 모험심을 깎아내리려는 의도는 없 다. 쉽게 이룰 수 없는 일들에 도전하고, 좋은 스포츠 기록 을 세우고, 모험을 하는 데서 큰 즐거움을 느낀다면 그 또 한 멋진 일이며, 이와 같은 경험은 성취감을 주기도 할 것 이다. 하지만 우리가 용기를 훈련하고 자주적인 삶을 살기 위해서 꼭 그런 일에 도전해야 하는 건 아니다.

일상생활에서 무언가를 해내겠다는 마음을 먹고, 이를

실천에 옮기기 위해 용기를 내고, 두려움 때문에 엄두가 나지 않던 일에 용감하게 나서는 것만으로도 충분하다. 그렇게 함으로써 우리는 평소 우리가 한 단계 더 성장하려는 순간, 능력의 최대치를 발현하려는 바로 그 순간에 우리의 발전을 가로막고 적당한 편안함에 안주하도록 만들었던 그 한계를 뛰어넘을 수 있는 것이다.

단지 고소공포증을 갖고 있다는 이유만으로 이를 억지로 극복해야 하는 건 아니다. 물론 스카이다이버가 되고 싶다든지, 고소공포증 때문에 일상생활에 지장이 있거나 이루고 싶은 꿈으로부터 멀어졌다면, 높이에 대한 두려움을 극복할 수 있도록 담력을 키워야 할 것이다. 하지만 그런 경우가 아니라면 고소공포증을 굳이 극복하지 않고 계속 갖고 있어도 괜찮다.

내가 강연할 때마다 반복해서 강조하는 말이 있다. 담력 시험을 하기엔 우리의 인생이 너무 짧다! 당신의 시간과 에너지는 더 의미 있는 한계를 극복하는 데 쏟아라. 우리가 주의를 기울여야 할 부분은 일상의 행동이다. 모험심 대신 일상의 용기를 키우고 훈련하라.

## 나는 원래 겁이 많고 앞으로도 계속 그럴 거야
### ― 다른 사람들은 나보다 훨씬 용감해!

백퍼센트 겁쟁이로 태어난 사람은 없다. 우리 모두는 항상 용감한 부분과 겁이 많은 부분을 동시에 지니고 있다. 물론 다른 사람들보다 겁이 많거나, 적어도 겉으로 보기에 겁이 더 많아 보이는 사람들도 있다. 하지만 이것은 담력 훈련을 하는 데 있어 오히려 큰 성장 잠재력을 지녔음을 의미한다. 그리고 내 경험상, 이런 사람들 중 다수가 담력 훈련방법을 깨닫고 자신을 더이상 다른 사람들과 비교하지 않게 되면서 자신만의 기준을 세우고 스스로를 뛰어넘게 된다. 그렇게 되면 문득 자신의 발전이 눈에 들어오고, 다른 사람들과의 불공정하고 의미 없는 비교는 멈추게 될 것이다.

나 또한 종종 다른 사람들이 나보다 더 용감하다는 생각에 사로잡힌다. 또는 다른 사람들은 자신에게 주어진 과제를 나보다 더 쉽게 처리한다는 생각이 든다. 그러다가도 곧 생각을 바로잡는다. '다른 사람들도 분명 나 같은 생각을 할 거야. 비교대상이 거꾸로일 뿐이지.' 이렇게 되뇌면 좀 전의 생각에서 벗어날 수 있다.

사람들은 자신을 타인과 비교할 때 스스로에 대해서 더 비판적으로 생각하는 경향이 있다. 그래서 우리가 스스로에게서 아직 발견하지 못한 잠재력과 능력을 오히려 다른 사람들이 먼저 알아볼 수도 있다. 그러니까 다른 사람과의 비교는 그만둬라.

- 다른 사람들이 당신보다 그 일을 더 빨리 혹은 더 잘 할 수 있다는 사실은 당신의 삶이나 발전과는 아무런 상관이 없다. 비교는 당신에게 도움이 되지 않는다.

- 당신은 다른 사람들이 같은 일을 얼마나 어렵게 달성했는지 확인할 수 없다. 그래서 모든 비교는 애초부터 불완전하다. 어쩌면 다른 이들이 어떤 일을 마치 홈경기를 치르듯 비교적 쉽게 처리할 수 있었던 건 그들이 당신과는 다른 종류의 도전에 직면했었기 때문인지도 모른다. 당신을 난처하게 만든 그 문제가 아닌 다른 도전 말이다.

- 우리는 다른 사람들에게 대부분 더 관대하고 스스로에게

만 비판적인 잣대를 들이대는 경향이 있어 제대로 된 비교는 어차피 불가능하다.

당신이 보기에 자신이 엄청난 겁쟁이인 것 같다면, 앞으로 당신이 보이게 될 큰 발전들에 대해 미리 기뻐해도 좋다.

용기근육 훈련은 다른 근육 훈련들과 마찬가지로 작용하기 때문이다. 당신이 규칙적으로 훈련하기만 한다면, 매일 조금씩 용감해지는 건 스스로도 막을 수가 없다. 매일 팔굽혀펴기를 하면서 팔 근육이 강화되지 않게 만들 수 있겠는가? 그건 불가능한 일이다!

## 용감한 행동은 항상 영웅적인 행동들이다

사람들은 용감한 행동은 외부의 시선에서 보았을 때 티가 난다고 생각한다. 와! 하던 일을 그만두고 다른 일을 찾다니, 참 용감하다, 너. 어쩌면 정말 이런 경우일 수도 있다. 하지만 아닐 수도 있다! 누가 알겠는가. 중요한 건 당신이 무언가에 대한 두려움을 갖고 있었는지의 여부이다. 우리가 매일 용기를 내야 할 수 있는, 작고 티가 나지 않는 행동들은 용감한 행동들로 여겨지지 않는다. 하지만 누군가는 잘 모르는 사람들과 나누는 간단한 대화를 이어가는 게 어려워서, 혹은 처음 만난 사람과 선뜻 말을 트는 것을 잘하지 못해서, 혼자 행사에 참석하는 것을 두려워할 수도 있다. 이 경우 그 사람에게는 혼자 행사장에 가는 행동이 매우 용감한 행동이 되는 것이다.

용감한 행동은 외부의 시선에서 보았을 때 티가 난다는 것은 착각이다. 두려움이라는 것은 매우 개인차가 있는 것이며, 그렇기 때문에 그 두려움을 극복하는 용기도 마찬가지로 개인차가 있다.

## 커다란 오해:
## 용기에 대해 조언해주는 상담사는 두려움이 없다

많은 사람들은 내가 스스로를 용기 상담사라고 소개하고, "나는 사람들을 용감하게 만듭니다!"라는 슬로건을 내

세우기 때문에 내가 전혀 두려움을 느끼지 않을 거라고 생각한다. 나에게 너무 높은 산, 너무 깊은 골짜기란 존재하지 않으리라고 생각하는 모양이다. 그런 사람들을 만날 때마다 나는 웃을 수밖에 없다. 내가 어떤 세미나나 행사에 참석해서 내가 용기내지 못하는 어떤 일이나 선뜻 나서지 못하는 무언가에 대해 이야기하면, 사람들은 흔히 이해하지 못하겠다는 표정으로 이렇게 되묻는다. "뭐라고요? 당신이 그 용감한 여성 아니던가요. 이해가 안 되는데요, 그냥 하면 되는 것 아닌가요?"

이 말에는 심지어 두 가지의 오해가 숨어 있다.

나는 겁이 없고, 어떤 것에도 누구에게도 두려움을 느끼지 않아서 용기 상담사가 된 게 아니다. 오히려 내가 겁이 많은 사람이었고, 어떤 면에서는 아직도 그렇기 때문에 용기, 그리고 용기 있는 삶이라는 분야의 전문가가 된 것이다. 용기를 훈련해야 하는 상황을 너무도 많이 겪었기 때문이다.

두 번째 잘못된 생각은 "그냥 한번 해봐, 어려운 일 아니잖아!"라는 말 한 마디로 사람들이 용기를 가질 수 있게 만들거나 발전할 수 있도록 만들 수 있다는 가정이다.

발전은 외부의 요구에 의해 가능해지는 게 아니라, 사람마다 언제나 적절한 시기에 내면의 준비된 마음이 있어야만 이루어지는 것이다.

외부의 시선에서 바라보면 누군가가 가진 두려움의 크기가 간혹 작아 보이거나 이해하기 힘들 수도 있지만, 당사자의 입장에서 그 두려움은 정말 크고 압도적인 것일 수 있다.

모든 사람은 각기 다른 도전, 두려움, 의심을 지니고 있고, 이를 상대방이 꼭 이해하거나 공감해야 할 필요는 없다. 그저 있는 그대로, 서로가 서로를 그렇게 받아들이는 게 우선이다.

상대가 가진 두려움이나 취약한 부분에 대해 이해하지 못하겠다거나 놀라워하는 태도로 건네는 말을 통해서는 상대가 발전하도록 용기를 심어줄 수 없다. 우리가 진심으로 누군가에게 용기를 주고 싶다면, 우리의 진심이나 우리가 가진 시각을 묻지도 않은 상대방에게 쏟아내는 대신 좋은 질문을 해야 한다.

예를 들면 다음과 같은 질문을 하는 것이 훨씬 큰 도움이 된다. 정확히 어떤 대상에 대해 두려움을 느끼는지 얘기해줄 수 있어? 그 두려움을 극복하는 데 지금 당장 도움이 될 만한 게 있어? 지금 내가 도와줄 수 있는 부분이 있어?

　어떻게 하면 더 자기주도적이고 더 자유로운 삶을 살수 있을지 함께 훈련하고 배워보도록 하자. 그리고 혹시 다음에 어떤 세미나 혹은 강연에서 나를 만나게 된다면, 내가 아직 해내지 못한 무언가를 위해 용기를 키우고 있다고 해서 부디 놀라지 않기를 바란다.

## 당신의 이름은? 무슨 일을 하고 있나요?

제 이름은 마렌이고, 쾰른에서 왔습니다. 저는 요가와 그린 스무디 없이 살 수 없는 쾌활한 '대도시의 힙스터'입니다! 직업적으로, 또 개인적으로 관심을 갖고 있는 분야는 교육연수와 자기계발입니다.

## 당신이 했던 용감한 행동은 무엇인가요?

저는 제가 좋아하는 남자에게 제 진심을 고백했습니다. 우리가 커플이 될 확률이 거의 없다는 사실을 알고 있으면서도요.

## 당신의 가장 큰 두려움은 무엇이었나요?

저는 상대방에게 솔직하게, 직접적으로 제 마음 속 깊은 곳을 드러내는 것과 제 기분이 어떤지 말하는 것이 참 어려웠어요. 내가 충분히 잘하지 못한다는 두려움, 거절당하거나 상처받을 수도 있다는 두려움에서 생기는 거짓된 자존심이 제 앞길을 자주 가로막았어요.

## 그 두려움을 어떻게 극복했나요?

누군가가 제게 이렇게 말해주더라고요. "모든 실망은 착각의 끝이라는 의미도 함께 담고 있다!" 정말 맞는 말이잖아요! 저는 그 말을 듣고 제가 잃을 게 없고 제 앞의 과제를 통해 성장할 일만 남았다는 사실을 깨달았어요. 결과가 어떻든 간에요.

## 그 두려움을 극복할 만한 가치가 있었나요?

물론이죠! 제 감정을 드러내는 것이 얼마나 자유로운지 깨달음으로 인해 엄청나게 큰 성장을 할 수 있었습니다.

## 용기와 관련된 가장 좋아하는 인용문이나 격언이 있나요?

"인생에서 위기를 맞고 한 걸음 뒤로 물러나는 것이 멈추어 있는 상태보다 더 낫다." 제 자신을 항상 발전시키고, 상황이 불편해지더라도 포기하지 않게끔 개인적으로 상기하는 말이에요. 많은 경우 그럴 만한 가치가 있는 상황이 되거든요.

**당신의 이름은? 무슨 일을 하고 있나요?**

제 이름은 율리아 슈피스(Julia Spieß. 43세)입니다. 저는 즉흥연기에 열정을 갖고 이 일을 사적인 영역에서뿐 아니라 전문적으로도 하고 있습니다. 다른 사람들에게 즐거운 놀라움을 주고 싶은 사람들에게 즉흥극 배우로서 코칭과 훈련을 해줍니다.

**당신이 했던 용감한 행동은 무엇인가요?**

'일'과 '생활' 사이의 장벽을 무너뜨리기 위해 제 사업을 (3명의 자녀가 있는 상태에서) 시작한 것입니다!

**당신의 가장 큰 두려움은 무엇이었나요?**

대부분의 사람들이 즉흥성과 즉석에서 무언가를 해내는 것은 임시방편이라는 인식을 갖고 있어서, 제가 일하는 방식이 충분히 전문적이지 못할 수도 있을 거라는 두려움을 갖고 있었어요.

**그 두려움을 어떻게 극복했나요?**

저의 직감을 믿었죠. 또 제가 매일같이 외우는 주문과도 같은 '즉흥성의 황금률' 몇 가지가 있거든요……. 그리고 무엇보다 제 고객들의 피드백! 그 이상은 필요 없었어요.

**그 두려움을 극복할 만한 가치가 있었나요?**

두말하면 잔소리죠! 저는 제 직업을 사랑하고, 제 일과 가족 덕분에 행복할 수 있는 하루하루를 사랑합니다. 최근에는 거의 매일 행복감을 느끼고 있어요!

**용기와 관련된 가장 좋아하는 인용문이나 격언이 있나요?**

"무언가를 원하는 것만으로 그것이 이뤄지지는 않는다!"

# 사업가의 용기

내가 함께 일하는 많은 사람들은 자기 사업을 한다. 왜냐고? 그들은 자신이 정말 만족하거나 성장할 수 있는 가능성을 열어주는 분야, 또는 직업을 찾지 못했기 때문이다. 어떤 이들은 자신의 소명의식에 따라 살고 싶어 하지만, 그 능력을 필요로 하는 정식 고용이 이뤄지지 않아 스스로 그 자리를 '만들어낼 수밖에 없는' 상황에 놓인다. 또 내가 고향에서 알게 된 어떤 이들은 다른 사람들을 위해 일하는 것을 상상할 수 없다고 말하기도 한다. 이들은 무슨 일을 하든 자영업의 형태로 일한다. 이렇게 다양한 사람들이 존재하듯, 자신만의 사업을 펼치는 동기와 그 바탕에 깔린 사업 정신은 매우 다양하다.

그러나 이들이 느끼는 한 가지의 공통점이 있다. 자신

만의 사업을 하는 건 큰 용기를 필요로 한다는 사실이다. 사업을 하다보면 우리가 익히 알고 있고, 원래 가지고 있는 능력으로는 할 수 있거나 하고 싶은 범위를 벗어나는 상황에 자주 맞닥뜨리기 때문이다.

이들은 홍보 단계부터, 그러니까 처음으로 자신의 웹사이트를 만들거나 광고를 하는 단계부터, 수많은 걱정거리와 두려움, 회의감을 안고 시작하게 된다. 내 친구들, 지인들, 예전 동료들이나 이웃들이 내가 벌이는 사업이나 우리 인터넷 사이트에 대해 어떻게 생각할까? 내 사업의 성과와 우리의 콘텐츠가 소셜 미디어 매체에서는 어떻게 받아들여지고, 게시물 밑에는 과연 어떤 댓글이 달리게 될까?

자신의 사업을 시작하면 우리가 사는 세계와 대중들의 눈에 더 띄게 되고, 이를 통해 비교와 평가가 가능해지게 된다. 많은 사람들은 그 사실에 겁을 먹고 웹사이트를 절대 공개하지 않거나, 블로그에 글을 쓰지도 않고, 유튜브와 같은 채널에 비디오를 올릴 생각을 하지 않는다. 모두 다 대중의 시선을 감당할 만한 용기를 내지 못하기 때문이다.

내가 일하고 있는 이 업계(코칭, 트레이닝, 연설)의 많은 사람들은 자리를 잘 잡고, 자신의 입장을 밝히고, 특정 주제에 대해 이야기하기 위해 용기를 내고, 이 주제를 정말 깊이 파고들며, 어떤 주제를 다른 주제나 분야와 구분을 지을 수 있어야 한다. 그 과정에서 내가 제공하는 서비스의 폭이 충분히 넓지 않다거나, 나의 고객층이 이 서비스를 제공받기 부담스러운 건 아닌가 하는 두려움이 갑자기 커진다. 그러다보면 어떤 이들은 전문분야에 집중하기보다 차라리 더 많은 대중들에게 다가가기 위해 모든 일을 떠안아 이리저리 옮겨다니며 일하는 단계에 머물게 된다. 하지만 그렇게 되면 결과적으로 큰 성공은 하지 못하고, 평균 이하의 보수를 받으며 실망만 남기게 된다.

이로써 바로 다음 핵심어가 등장했다. 보수, 협상, 판매! 이 단계에서 또다시 겁을 먹은 사람들이 나타나고, 자영업을 시작하는 것을 포기하려고 한다. 나는 세미나와 트레이닝에서 바로 이 주제를 중요하게 다루는데, 그건 그만큼 사람들이 가진 두려움이 이 부분에서 특히 두드러지기 때문이다.

우리는 '판매'를 잘 못하리라는 두려움을 안고 있

다. 즉, 고객을 확보하지 못하거나, 무언가를 지나치게 높은 가격, 또는 너무 낮은 가격에 제공하게 될까 봐 두려워한다. 우리는 아니오라는 말을 들을까 봐 두려워서 애초부터 차라리 아무것도 팔려고 하지 않는다. 그리고 판매를 위한 대화를 시작하고 나서도 긍정적인 결과를 가져올 수 있는 질문을 하기 두려워한다. 우리가 아직 할 수 없는 일이거나, 할 수 있는 용기를 내지 못하기 때문이다.

그리고 물론 자영업을 하다가 실패하거나 파산하면 어떡하지, 혹은 제대로 성장하지 못하면 어떡하지, 라는 생각에서 오는 일반적인 두려움이 존재한다. 또 어떤 이들은 정반대의 두려움, 즉 사업체가 정말 크게 번창할까 봐 두려워하기도 한다. 큰 성공이 대중의 시선, 타인의 시기와 질투, 더 많은 책임, 더 공개적으로 실패할 수도 있는 가능성과 같은 수많은 도전과제들과 엮여 있기 때문이다.

여기까지 읽은 것만으로도 어떤 사람들은 벌써 자영업에 대한 흥미를 잃었을지도 모른다. 이처럼 자기 사업을 한다는 것에는 많은 두려움, 걱정, 곤란한 상황이 따른다. 그럼 그냥 하지 말지 뭐, 이렇게 생각하는 이들에게 외쳐주고 싶다. **그렇게 생각해선 절대 안 된다!** 내가 왜 자영업을 하는지, 이렇게 일하는 것이 예전처럼 어딘가에 소속되어 정규직으로 일하는 것보다 왜 훨씬 더 행복한지 아래에 나열해보겠다.

- 일하는 장소, 시간, 빈도를 자유롭게, 자주적으로 설정할 수 있다.

- 스스로 당신의 목표와 방향을 결정하고 언제든 이를 바꿀 수 있다.

- 매일 창의적으로 새로운 아이디어를 세상에 내놓아도 된다.

- 당신이 좋아하는 사람들과 일할 수 있다. 사업의 목표 집단을 결정하는 것 역시 당신의 선택이기 때문이다.

- 당신의 상황이 나의 경우와 비슷하게 흘러간다면, 당신은 살면서 지금까지 배운 것들을 모두 활용할 수 있게 될 것이다. 당신의 모든 경험이 도움이 될 것이다. 그리고 그 경험들과 당신의 능력을 통해 당신만의 것을 만들어낼 수 있을 것이다.

- 당신은 매일 당신이 사랑하는 것, 당신의 마음을 움직이는 것을 할 수 있다. 게다가 그 일을 통해 꽤 괜찮은 수입을 벌어들일 수 있다. 이건 마치 이미 충분히 맛있는 케이크 위에 생크림까지 올리는 것과 마찬가지다. 물론 이 모든 것이 가능해지려면 충분한 용기근육 훈련과 자기계발의 의지가 전제되어야 한다. 동시에 오래 묵은 잘못된 믿음과 자신의 발목을 잡는 모든 것은 던져버리고, 대신 자신의 잠재력을 충분히 발현하겠다는 마음의 준비가 필요하다.

자신의 사업을 펼칠 계획이 있거나 그렇게 하고 싶은 마음이 든다면, 첫 번째로 해야 할 일은 왜 자신의 사업이 하고 싶은지, 그리고 위치 선정과 홍보, 보수와 판매와 같은 문제에 있어서 어떤 두려움을 갖고 있는지를 주의 깊게 살펴보는 것이다. 이러한 것들이 바로 큰 성공을 위한 지렛대가 되어주거나 혹은 반대로 당신의 계획을 실패하게 만드는 요인들이기 때문이다.

바로 이 문제를 해결하기 위해 당신은 용기근육 훈련을

활용할 수 있고, 작은 걸음들을 통해 점점 더 강하게, 자기 주도적으로 당신의 사업 아이디어를 구축해나갈 수 있게 될 것이다. 당신의 두려움과 걱정들을 오래 안고 있지 말아야 한다. 그 시간과 에너지를 아껴서 스스로에게 투자하고, 용기근육을 키우기까지 시간이 너무 오래 걸리지 않도록 단계를 차근차근 밟아나가자.

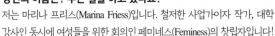

### 당신의 이름은? 무슨 일을 하고 있나요?

저는 마리나 프리스(Marina Friess)입니다. 철저한 사업가이자 작가, 대학 강사인 동시에 여성들을 위한 회의인 페미네스(Feminess)의 창립자입니다!

### 당신이 했던 용감한 행동은 무엇인가요?

10년 동안 담당했던 일을 중단하는 것입니다. 저는 이 일을 통해 주기적으로 매달 적지 않은 수입을 받았습니다. 하지만 어느 순간 저와 맞지 않는 일이라 여겨졌어요. 더이상 이 일에 대한 열정을 느끼지 못했어요.

### 당신의 가장 큰 두려움은 무엇이었나요?

저는 12년 전에 제 사업을 시작했습니다. 당시 제 경제 상황은 그다지 좋지 않았죠. 친구네 집 에어 매트리스에서 잠을 자고, 다시 본업 외의 일을 맡아서 해야만 했었으니까요. 그래서 이 일을 그만 둔다고 했을 때도 예전에 힘들었던 시기의 문제들, 경제적인 걱정이 다시금 고개를 들었죠.

### 그 두려움을 어떻게 극복했나요?

가장 중요한 질문은 항상 이거에요. 내가 정말 그 일을 원하는가? 아직 열정이 남아 있어서 하는 것인가, 아니면 경제적인 이유 또는 안정적이기 때문에 계속하고 있는가? 저의 정체성을 충실히 따르기 위해서는 제가 원하지 않는 일을 계속해서 할 수가 없더라고요. 그리고 제가 배우게 된 사실이 한 가지 있습니다. 당신이 어떤 일에 대해 결정을 내리지 않으면, 다른 누군가가 당신을 위해 결정을 내려버린다는 사실이죠. 그러한 경우 이 결정은 당신의 마음에 들지 않을 확률이 높습니다.

### 그 두려움을 극복할 만한 가치가 있었나요?

그건 더 있어봐야 알 수 있을 것 같아요. 하지만 무언가에 집중한다는 것은 정말 중요하고, 저는 제가 내린 결정을 통해 집중할 수 있게 되었습니다. 이는 스스로 분명한 입장을 취하고, 들어오는 모든 제안들을 수용하지 않는 것만큼이나 용기가 필요한 일이죠.

### 용기와 관련된 가장 좋아하는 인용문이나 격언이 있나요?

"당신의 진정한 내면을 당신 주변 사람들과 공유할 준비가 되었다면, 당신은 성공할 수밖에 없다."

# 리더의 용기

나는 10년 가까이 한 회사의 임원으로 일했던 경험이 있다. 나는 이 시기의 경험을 통해 나 자신에 대해 더 많이 알게 되었고, 사람들과 지내는 법과 내 자신의 태도를 다스리는 법을 배웠다. 리더의 위치에서 일하는 것은 자신의 사업체를 운영하는 것과 비슷한 면이 있다. 우리가 그 일을 진지하게 받아들이고, 그 자리가 단순히 관리하는 사람이라는 인식에서 벗어나서 진심으로 리더십을 익히고자 하면 매일 성장과 배움의 기회를 얻을 수 있다.

리더십은 앞으로 나설 수 있어야 하고, 용기를 필요로 한다. 불편한 결정을 내리거나 그런 내용을 사람들에게 전달하기도 하고, 팀원들에게 최대한의 동기를 부여하며 어떤 일이 항상 실행에 옮겨지도록 해야 하기 때문이다.

리더십은 역할에 대한 제대로 된 이해가 필요한 일이다. 여기에는 리더의 역할을 맡는 순간, 자신이 팀의 일부로서가 아니라 무언가 다른 역할을 해야 한다는 걸 깨닫는 것도 포함된다. 이제 막 임원직을 맡게 된 사람들, 그중에서도 특히 기존에 속했던 팀의 리더 역할을 맡게 된 사람들에게는 이것이 종종 어려운 일이 될 수 있다. 하지만 이와 같은 자각은 리더의 역할을 제대로 맡기 위해 반드시 이뤄내야 할 가장 중요한 사안 중 하나이다. 그렇다고 해서 리더에 오른 사람들이 더이상 자신의 동료들과 친밀하고 좋은 관계를 맺을 수 없다고 이야기하는 건 아니다. 내가 강조하려는 건 리더의 역할이 기존과는 다른 과제를 수행해야 함을 내면적으로 명확하게 깨달아야 한다는 사실이다. 동료들과 우정을 쌓고, 다른 사람들로부터 애정을 받고, 부드럽고 포근한 사람이 되는 건 리더의 우선과제가 아니다. 리더의 입장이 되면 그보다는 다른 사람들보다 앞서가고, 의미 있는 과제를 제시하고, 좋은 틀을 구축하고, 피드백을 주고, 팀의 성장과 발전을 가능하게 하는 것이 더 중요해진다.

임원들을 신뢰할 수 있고, 그들이 회사를 운영하는 것뿐 아니라 직원들을 정말 발전시키고자 하는 의지가 있다고 생각할 때에만 직원들은 비로소 임원들에게 자신을 발전시킬 수 있는 권한을 부여한다.

나는 병을 앓고 나서야 훌륭한 리더십의 또 다른 면에 대해서도 알게 되었다. 실수를 허용할 줄 아는 좋은 실수문화가 팀 내에서, 그리고 임원진들 사이에서도 꼭 존재해야 한다는 사실이다. 그렇지 않으면 직원들이 창의력을 발휘하고 새로운 아이디어와 변화를 도모하는 대신, 실수를 피하려는 성향을 강하게 보인다.

내 경험상, 누군가가 진정한 리더십을 발휘하고 정말 발전하려는 마음이 있는지, 아니면 그저 지위와 권력, 보직 기간에만 혈안이 되어 있는지는 그가 리더십을 발휘하는 모습을 보면 알 수 있다. 전자의 경우에는 권위를 잃지 않으면서도 인간적인 면모를 드러내기도 하고, 자신에게 어렵거나 도전의식이 필요한 부분 등의 취약점을 내보이기도 한다.

완전히 인간적인 면모를 보이면서도 전문성과 리더로서의 면모를 잃지 않는 것은 큰 용기와 높은 자존감이 필요한 일이다. 이를 성공적으로 해낸다면 상대에게 신뢰를 주면서 열려 있는 분위기를 형성할 수 있고, 모든 이에게, 모든 차원에서의 진정한 성장과 발전, 성공의 기회를 제공하게 된다.

그렇다고 해서 반드시 리더의 자리에 있는 사람만 리더십과 리더의 용기를 필요로 하는 건 아니다. 나는 코치로 세미나에 참석하면 늘 사람들 앞에 서고, 그 날의 주제에 맞는 틀과 과제를 제시하고, 이를 통해 사람들의 발전과 성장을 이끌어낸다. 그런 면에서 내가 하는 일과 리더의 역할을 수행하는 것 사이에는 몇 가지 공통분모가 존재한다. 이 자리에서 내가 얼마 전 교육을 받고 온 데니스 샤른베버(Denys Scharnweber. 신경 언어 프로그래밍 트레이너이자 아카데미 원장)의 말을 인용하고 싶다. 샤른베버 원장이야말로 리더십을 잃을까 봐 두려워하지 않고 자신의 인간적 면모를 진정성 있게 보여줄 수 있는 용기를 가진 사람이기 때문이다.

나는 그에게 질문했다. "샤른베버 원장님, 당신이 마지막으로 진정한 용기를 발휘했던 건 언제였나요?" 나의 질문에 그는 한동안 말이 없었지만, 나는 분명 그가 곧 답을 해주리라고 믿었다. 그는 스스로를 위해서든, 교육을 받는 사람들을 위해서든, 한계의 극복을 통해서 발전과 변화를 이루기 위해 꾸준히 자신의 용기근육을 훈련하는 사람이었기 때문이다.

저는 어느 순간부터 세미나를 할 때 더 용감해졌고, 저의 약점과 취약성을 보여줄 수 있게 되었습니다. 사람들이 저를 대단하다고 생각하기를 원하지 않았기 때문입니다. 저는 세미나를 할 때 다른 사람들과 눈높이를 맞추고 싶었고, 다른 사람들이 저를 볼 때, 저 또한 약점과 취약한 부분을 지닌, 다른 참여자들과 동일한 사람으로 봐주기를 원했습니다.

태도에 변화를 주기 시작했던 초반에는 저도 당연히 제 스스로에게 의문을 가졌습니다. 정말 이렇게 해도 될까? 하지만 머지않아 분명한 결정을 내릴 수 있었고, 이는 곧 제 자신을 위한 결정이었습니다. 응, 그렇게 해도 돼!

지금의 연인 관계에서도 저는 예전보다 많은 용기를 지니게 되었습니다. 제가 신경 쓰고 있는 일이나 저를 슬프게 하는 것이 있을 때, 이를 좀 더 빨리 입 밖으로 꺼낼 수 있게 되었습니다. 예전에는 더 오래 걸렸거든요.

**트레이너로서 세미나에서 인간적으로, 그리고 약점이 있는 사람으로 보이는 데에 어떤 두려움이 있었나요?**

제가 있는 그대로의 모습을 보여준다면, 제가 가진 약점에도 불구하고 사랑받고 인정받을 수 있을까? 이런 두려움을 갖고 있었습니다. 하지만 그 두려움에 직면하고, 이 상황을 용기 있게 돌파해나가면 장기적으로 봤을 때 그 두려움이 사라짐을 자주 느낄 수 있습니다.

제가 이 과정을 통해 다시 한 번 깨달은 사실은, 과거로 돌아가야만 무언가를 치유할 수 있는 게 아니라는 점입니다. 지금 이 순간에도 미래를 위해 과거와 현재의 무언가를 해결할 수 있습니다.

## 당신의 두려움을 어떻게 극복할 수 있었나요?

우리가 인위적으로 만들어낼 수 없는 유일한 것이 사랑이기 때문에, 저는 사랑의 여러 가지 측면을 한번 분석해보았습니다. 사랑은 무조건적, 비의도적, 기쁨, 박애, 용서, 그리고 진실성의 측면을 지니고 있습니다.

당신이 스스로의 삶을 들여다보며 더 발전하고 싶고, 삶의 방향을 잡고 싶다는 생각을 할 때, 저는 위에서 거론한 사랑의 측면들이 하느님이 우리에게 주신 나침반처럼 기능한다고 생각합니다. 그리고 저는 어느 순간부터 절대 스스로를 속이고 싶지 않아졌습니다. 물론 가끔씩 여전히 진실하지 못하거나, 말하는 것과는 다른 의도를 가질 때가 있지만, 저는 점점 더 있는 그대로의 모습으로 살고자 합니다. 언제든지 제 자신과 제 마음으로 다시 돌아오고 싶기 때문입니다.

## 그러한 방법이 당신에게 가치가 있나요?

물론입니다. 긴장을 훨씬 더 많이 내려놓을 수 있고, 다른 사람들과 더 가벼운 마음으로 진실한 관계를 맺을 수 있기 때문입니다. 그 결과 인위적인 삶이 아니라 진정한 삶이 생겨납니다. 바로 그 점에서 차이가 있습니다.

**용기 있는 삶이라는 주제와 관련하여 당신이 좋아하는 인용구가 있나요?**

"무엇을 해야 할지 모르겠다면, 당신의 심장에게 물어보라!"

그러므로 리더의 위치에서 용기근육을 충분히 훈련하는 것은 의미가 있는 일이며, 이를 통해 당신은 더 나은 리더로 거듭나게 될 것이다. 그리고 이에 대해 직원들이나 세미나 참가자들도 당신에게 고맙게 생각할 것이다. 직장에서도 모두가 높은 자존감을 갖고, 안정성을 기반으로 성숙한 관계를 맺기보다 사람들이 지닌 두려움과 회의감, 불안한 감정 때문에 종종 어려운 상황이 발생하기 때문이다. 그러므로 당신은 원하기만 하면 매일 훈련할 거리를 찾아낼 수도 있을 것이다.

이 훈련 과정에서는 피드백도 매우 중요하다. 여기에는 우리가 용기를 내지 못하거나, 굉장한 노력이 필요한 몇 가지가 있다.

내 생각에, 소위 샌드위치 자리를 맡고 있는 리더들은 직원뿐만 아니라 상사를 상대로도 리더십을 발휘해야 한다. 이때 리더의 도구들을 매우 적절하고 유용하게 활용할 수 있다. 예를 들면 자신의 팀에게 더 나은 조건을 마련해주기 위해 상부에 적극적으로 피드백을 전달 또는 요구하는 것, 어떤 결정이 내려졌을 때 그 결정의 근거에 대해 묻고 자신이 중요시하는 가치를 주장하는 것 말이다. 상사와의 소통에 있어서 해야 할 말을 제대로 하지 못하고, 상사를 상대로 자신이 발휘해야 할 리더십을 발휘할 용기를 내지 못한다면, 그 사람은 스스로와 자신의 팀을 위해 제대로 일할 수 없다.

하지만 미리 겁먹을 필요는 없다. 이를 잘 수행하기 위해 여기에 맞는 훈련을 실시한다면 당신도 리더십을 잘 발휘할 수 있다. 지금 필요한 것은 (리더로서의) 힘을 키우고 용기근육을 훈련하고자 하는 내면의 의지이다.

**당신의 이름은? 무슨 일을 하고 있나요?**

페트라 뢰츠하임(Petra Rötzheim)이라고 합니다. pronova BKK라는 의료보험사의 본부장 겸 품질관리담당을 맡고 있습니다.

**당신이 했던 용감한 행동은 무엇인가요?**

저의 직장에서 항상 새로운 과제를 맡는 것입니다.

**당신의 가장 큰 두려움은 무엇이었나요?**

다른 사람들이 내가 떨고 있다는 사실을 눈치채는 것이요. 그리고 실패할 경우, 너무도 수치스러워서 '다시는 다른 사람들 앞에 나설 수 없게 될까 봐' 두려웠던 적이 있습니다.

**그 두려움을 어떻게 극복했나요?**

배운다는 건 평생에 걸친 과업입니다! 저는 호기심을 유지하고 새로운 것을 시도하는 게 흥미롭더라고요. 여기에는 추상화할 수 있는 능력이 도움이 됩니다. 저희 어머니께서 항상 말씀하시던 "얘야, 넌 충분히 할 수 있어!"라는 말은 저의 삶과 동반했던 문구이자, 제가 안정감을 느낄 수 있는 익숙한 항구와도 같은 문구입니다. 그리고 같은 생각을 가진 사람들과의 동일시가 두려움을 극복하는 데 도움을 주었습니다. 그리고 또 매우 중요한 점 한 가지는, 당신의 도전과제를 스튜처럼 너무 오래 '졸이면' 안 된다는 것입니다. 무언가를 직접적으로 명확하게 이야기하는 것이 이젠 더이상 유행이 아니라지만, 어쨌든 저에게는 도움이 됐어요.

**그 두려움을 극복할 만한 가치가 있었나요?**

여기에는 명확하게 네라고 대답할 수 있어요! 임원으로서 사람들에게 방향을 제시하는 건 정말 멋진 과제입니다.

**용기와 관련된 가장 좋아하는 인용문이나 격언이 있나요?**

"걱정에 사로잡혀 있으면 될 일도 안 된다!"

# 연인관계에서의 용기

사랑하는 사람과 했던 첫 데이트를 기억하는가? 매력적인 사람으로 보이기 위해 좋은 인상만 남기고 싶고, 엄청 멋진 대화를 나누고 싶고, 똑똑해보이는 말들만 하고 싶던 그 순간들. 거기서 관계가 더 진행되면 우리는 흠 잡을 데 없이 예쁘고 멋있게, 상대가 원할 만한 사람이 되고 싶어진다. 상대를 유혹해서 가능한 한 최고의, 가장 아름다운 잠자리를 함께 하고 싶어진다.

모든 것은 향기로워야 하고, 훌륭해 보여야 하며, 촉감은 황홀하고, 그 어떤 것도 우리 사이의 로맨스와 열망, 둘만의 오붓한 시간을 방해해선 안 된다. 그렇게 시간을 보내다 보면 어느 순간 연인 사이가 되고, 이때부터 일상생활이 끼어들기 시작한다. 그리고 이를 기점으로 성장, 파트너십, 용기를 보여줄 수 있는 도전이 시작된다. 처음 만났을 때의 모습, 그 완벽한 이미지는 사실 가까운 연인관계에서 오래 유지할 수 있는 그림이 아니기 때문이다.

그러다 보면 첫 균열이 생기기 시작하고 오래된 상처, 수많은 드라마와 우스운 습관들이 드러난다. 그리고 처음으로 갈등이 생기기도 한다. 시간이 가면 갈수록 우리가 실제로 어떤 모습인지 드러나게 된다. 이것은 좋은 것이다. 하지만 상황에 맞는 태도가 필요한 것은 분명하다.

성숙한 관계에서는 다음과 같은 용기가 필요하다.

- 자신에게 어떤 것이 좋고, 어떤 것이 어렵게 느껴지는지 드러낼 용기
- 상대에게 자유로운 공간을 주고, 스스로도 원하는 자유의 공간을 가질 용기
- 둘 사이에 진정한 친밀감이 싹틀 수 있도록, 그리고 서로가 성장하고 성숙한 사람이 될 수 있도록 상대를 믿고, 온전히 상대에게 집중하는 용기

- 자신이 필요한 것에 대해 이야기하고, 자신의 입장을 견지하고, 때에 따라 이를 요구할 수도 있는 용기
- 지켜져야 할 선을 분명히 하고, 자신의 한계를 넘어서는 것들에 대해서는 거부할 수 있는 용기
- 모두가 자기 자신으로 지낼 수 있도록, 서로의 차이를 인정하고 견딜 수 있는 용기

위의 것들을 해내지 못한다면 상대의 욕구를 채워주는 대상이 될 뿐이고, 우리에게 정말 중요하고 가치 있는 것들이 무엇인지를 보여줄 수 없다. 그러한 관계는 지속적인 관점에서 본다면 건강하지도 않을 뿐더러, 자존감을 위해서도 바람직하지 않다. 자유롭고 자기주도적인 삶으로부터 멀어지는 것은 두말할 필요도 없다.

성생활이라는 주제에서도 이와 비슷하다. 우리 사회는 점점 더 자유롭게 성생활이라는 주제를 다루고 있지만, 그렇다고 해서 연인과의 관계에서 개인이 성을 주제로 한 대화를 용감하고 자유롭게 시작할 수 있는 건 결코 아니다. 그들은 자신이 원하는 바나 요구사항, 자신이 가진 한계

등에 대해 얘기하는 것을 여전히 어렵다고 느낀다.

성생활 코치인 이본 페글로브(Yvonne Peglow)가 말하길, 자신이 경험한 바에 따르면 많은 사람들이 자신의 성향을 진술하게 보이는 것에 큰 두려움을 지니고 있다고 한다. 이들은 거절당할까 봐 두려워하거나 상대방의 감정에 상처를 줄까 봐 걱정한다는 것이다. 그 요구사항은 자신의 몸에 대한 것일 수도 있고, 누군가의 작거나 큰 바람일 수도 있다. 섹스가 좋았다거나 그렇게 좋지 않았다고 드러내어 말하는 것도 종종 두려움 혹은 수치심과 연계되어 있다고 한다.

이러한 상황에 장기적으로 변화를 줄 수 있는 단 하나의 방법은 스스로를 믿고 이에 대한 대화를 나누는 것이다. 어쩌면 단순히 이러한 두려움이 존재한다는 사실을 알리는 것만으로도 변화가 시작될 수도 있다. 대화를 나눠야 할 중요한 주제를 작은 단계로 쪼갠 뒤 연습을 거쳐 입 밖으로 꺼내볼 수도 있다. 가장 좋은 방법은 커플이 함께 용기근육 훈련을 시작하는 것이다. 이를 통해 둘 사이의 관계가 점점 성숙해지도록, 그리고 두 사람 모두 좀 더 용감해지도록 노력하는 것이다.

이 모든 과정은 그만한 가치가 있다. 용감하고 성숙한 파트너십은 둘 사이의 차이점을 극복할 수 있는 기반이 되어주기 때문이다. 이와 같은 파트너십은 서로를 통제하지 않고 자유를 보장해준다. 이러한 관계를 맺고 있는 사람은 인간으로서 진정성을 보일 수 있는 용기를 지녔으며, 상대가 진정성 있게 자신을 드러낼 때, 그 안에 있는 모든 것을 포용할 수 있는 용기를 지녔다. 할리우드에서 그려내는 관계와는 전혀 다른 모습이다. 그건 내가 보장한다.

용감한 파트너십을 맺고 있는 사람들은 자신의 행동이 곧장 이별로 이어질 수도 있다는 두려움에 압도당하지 않고 관계 안에서 성장하고 변화할 수 있다. 어떤 관계에서 자신이 신경 쓰고 있는 주제에 대해 항상 이야기할 수 있는 용기를 지녔다면, 그 사람은 그 관계를 통해 두려움이 아닌 신뢰를 키우고 있는 것이다.

자신의 외양과 지위, 재력, 커리어, 성공 여부를 떠나 마음과 정신의 차원에서 스스로를 진정성 있게 인정하는 것 — 나에게 이것은 어떠한 보장도 없이 진정한 사랑

을 할 수 있는 용기를 지녔다는 것을 의미한다. 그리고 이
것이야말로 확실히 용기를 필요로 하는 일이다.

**당신의 이름은? 무슨 일을 하고 있나요?**

저는 마르쿠스 브란트(Markus Brand)입니다. 심리학 전공자이고, '인성 연구소'의 소장을 맡고 있습니다.

**당신이 했던 용감한 행동은 무엇인가요?**

이혼을 경험한 후에 다시 한 사람만을 바라보는 결혼생활을 시작하기로 한 것이죠. 저는 제 자신을 다시 한 번 가정이라는 틀에 들여놓되, '일반적인' 가족의 개념을 따르지 않기로 했습니다. 예전의 모델을 그대로 답습한 채 '단순히' 파트너만 바꾸고 싶지는 않았기 때문입니다. 그래서 일주일의 반은 남자들만 모여 사는 주거공동체에서 지내고, 며칠은 저의 아내와 네 명의 자녀(12살인 저의 딸과 재혼으로 얻은 10살에서 18살 사이의 세 아들)과 지냅니다.

**당신의 가장 큰 두려움은 무엇이었나요?**

이 관계도 실패할지 모른다는 두려움을 갖고 있습니다. 그렇게 되면 두 사람 모두 상처를 받게 되겠죠. 그리고 또다시 제 딸을 아이가 좋아하는 환경(새로운 두 번째 집, 그리고 보너스와 같은 세 명의 오빠와 남동생)으로부터 떨어뜨려놓아야 할 테고요. 결정은 어른들이 내리는 데에 반해, 그 결과는 아이들도 함께 감당해야 하는 셈이죠.

**그 두려움을 어떻게 극복했나요?**

첫 결혼생활을 마치고 몇 가지를 실험해보았습니다. 그리고 저에게는 고전적인 가족으로서의 생활이 아닌 형태의 가능성이 존재할 수 있다는 결론을 얻었습니다. 결과적으로 저는 제 삶의 동기를 스스로 받아들이고, 이에 따라 살기로 용기를 냈습니다.

**그 두려움을 극복할 만한 가치가 있었나요?**

8년째 이러한 방식으로 살고 있는데 저희 가족에게는 잘 맞습니다. 저와 제 아내는 부부이고, 가족을 이뤘고, 깊은 연대감과 큰 자유를 동시에 누리며 살고 있습니다.

**용기와 관련된 가장 좋아하는 인용문이나 격언이 있나요?**

"당신을 진정으로 행복하게 만들어주는 삶의 동기를 찾고, 사랑하고, 그에 따라 살아라!"

# 몸에 대한 용기

외모가 지금처럼 커다란 영향을 미치는 이 사회에서, 자신의 몸을 받아들이고 있는 그대로의 자신을 사랑할 수 있는 용기에 대해서 적기 시작하면, 나는 사실 이 주제에 대해 한 권의 책을 따로 쓸 수도 있을 정도로 할 말이 많다.

나는 오늘날까지도 가끔씩 나의 체격, 그리고 식습관과 관련된 명백한 나의 잘못들을 인정할 용기가 쉽게 나지 않는다. 요즘은 혼자서도 커리 부어스트를 먹으러 갈 수 있을 정도로 발전했지만, 내 몸무게가 지금 얼마나 나가는지 알면서도 스스로를 있는 그대로 받아들이는 건 내게도 굉장히 어려운 일이다. 그리고 또 자문하게 된다. 그 사실을 이 자리에서 이런 식으로 쉽게 시인해도 되는 걸까? 나는 상담

사이자 트레이너이고, 용기에 대해 쓰고 있는데 이 정도의 일은 어려움 없이 해낼 수 있어야 하는 것 아닌가? 하지만 사실이 그렇지 않은걸. 그래도 분명한 것은, 나는 매일 더 나아지고 있고 훈련하는 것을 멈추지 않는다는 사실이다.

나는 그간의 훈련을 통해 내가 스스로를 긍정하고, 나 자신을 있는 그대로 바라볼 용기를 가졌는지의 여부가 나의 체중과 밀접한 관련이 있다는 사실을 알게 되었다. 체중계가 기존보다 몇 킬로그램 더 늘어난 수치를 가리키면 나는 곧바로 스스로를 긍정적으로 바라보는 마음을 잃고, 살을 빼고 나면 다시 스스로가 괜찮아진다.

이와 같은 불안정한 마음 상태를 겪는 동안 나는 거기에 더해 자주 다른 사람들이 과체중인 나를 깎아내릴 것이라는 두려움, 내가 더 날씬했더라면 더 성공적인 삶을 살고, 고객도 더 많았을 것이라는 두려움에 휩싸이게 된다.

이 책을 읽는 여러분 중에 아주 많은 사람들도 그럴 것이라고 확신한다. 살이 너무 많이 쪄서 문제라거나 반대로 너무 말라서 문제인 사람들, 키가 너무 크거나 너무 작아서, 또는 코가 마음에 들지 않아서, 턱이 넙적해서, 엉덩이가 너무 뚱뚱하거나 가슴이 너무 작아서, 남자들의 경우는 종아리가 너무 가늘거나 어깨가 충분히 넓지 않아서, 아니면 몸이 전체적으로 충분히 근육질이 아니라서, 나와 같은 심정인 사람들이 많을 것이다. 매우 특별하고 개성적인 우리 자신의 체형과 신체능력을 타고난 그대로 받아들이고 사랑과 존경을 담아 대하려면 우리 모두 충분한 정도의 용기와 자기애가 필요하다.

외형적인 부분과 관련된 두려움이 너무 크고 이에 대한 잣대가 너무 높은 경우, 이는 다른 모든 영역과 충돌을 일으키게 될 소지가 다분하다.

우리가 스스로를 애정 어린 마음으로 받아들이지 않는다면 연인을 선택하는 데서나 또는 연인과의 관계에서 어려움을 겪을 수 있고, 무엇보다 자신의 실제 성 정체성에 따라 자유롭게 살기 힘들어질 수 있다. 결국, 우리의 몸은 우리 자신을 경험하고 자신을 나타내며 성을 경험할 수 있는 선택의 수단이다.

우리가 자신과 자신의 외모에 대해 확신이 없으면 군중 속에 섞여 눈에 띄지 않는 것을 선호하게 된다. 세상에서 우리의 일을 펼치게 되면 관심을 끌게 되는데, 그 용기를 내지 못하는 것이다.

가끔씩은 우리가 스스로를 받아들이고, 우리 자신을 진심으로 긍정하기 어려운 이유가 몸에 대한 용기 부족이 아닌 경우도 있다. 그런 경우는 어쩌면 자신의 특성과 특색을 제대로 찾지 못했거나, 우리가 아직 스스로를 뿌듯하고 가치 있다고 여기게 만들어줄 훌륭한 능력이나 강점을 갖추지 못했다고 생각하기 때문일 수도 있다. 어떤 사람들은 자신이 충분히 똑똑하지 못하다거나, 책을 충분히 많이 읽지 않았다거나, 세상을 충분히 다녀보지 못했다고 생각한다. 대부분의 사람들은 자신이 생각할 때 스스로가 아직 온전하지 못한 부분, 우리 자신을 작게 만들고 무가치하다고 느끼게 만드는 부분들을 바라보도록 훈련받아왔다.

하지만 이것은 치명적이다. 왜냐하면 당연하게도 에너지라는 것은 항상 우리의 관심을 끌기 때문이다. 그러니까 내가 의구심을 갖고 있는, 나를 소심하고 약하게 만드는 무언가에 충분한 관심을 기울인다면, 바로 그 부분에 온 신경이 집중되어 그것이 유난히 크게 보일 것이다. 그렇게 되면 당연히 무의식적으로 나의 이 부족한 부분에 점점 더 많은 신경을 기울이게 되고 그 부분에 색안경을 끼고 내 세상을 바라보게 될 것이다. 그리고 확신하건대, 그렇게 함으로써 내가 그 부분이 부족하다는 사실을 확인시켜주거나 그렇다고 느끼는 상황들을 더 자주 마주하게 될 것이다. 그러면 또 우리의 그 흠이 점점 더 크게, 더 뚜렷하게 느껴져서 어느 순간에는 그걸 어떻게 바꾸는 것이 불가능해질 것이다. 적어도 그렇다고 느끼게 될 것이다.

나는 그대가 이 상황을 바라보는 관점을 바꾸도록 훈련하는 길로 당신을 안내하고자 한다. 당신이 잘 하는 것, 당신이 가지고 있는 장점과 자기 자신의 좋은 부분으로 시선을 돌려보자. 내가 지금 어떤 모습일지 외부의 시선을 의식하지 말고, 뛴다는 것이 어떤 기분인지 느껴보고, 신체를 움직이고 몸이 가진 힘을 자각해보자. 당신을 당신답게, 사랑스럽게, 빛나게 만들어주는 것들에 다시 좀더 집중해보자. 왜냐하면, 당신이 자신을 있는 그대로 받아들이고 사랑하는 법을 배운다면 다음과 같이 될 것이기 때문이다.

- 다른 사람들이 당신에 대해 갖고 있을지도 모르는 생각 대신, 당신의 생각과 느낌이 당신에게 중요해지고 앞으로 당신의 행동과 결정에 있어 좋은 기준이 되어줄 것이다.

- 당신이 가진 경계가 가치 있게 느껴지고, 다른 사람들이 이 선을 함부로 넘을 때 그 사람들을 상대로 선을 그을 수 있게 될 것이다.

- 당신의 삶을 당신이 바라는 바와 당신의 요구대로 디자인할 수 있게 될 것이다.

- 당신이 가진 능력을 온전히 발휘할 수 있게 될 것이고 당신의 잠재력을 발견하고 발현할 수 있게 될 것이다.

- 당신이 하고자 하는 바로 그것을 이 세상에서 해낼 수 있다는 사실과 당신은 크게 꿈꾸고 용기 내어 결국에는 그것을 이뤄낼 자격이 있다는 사실을 믿게 될 것이다.

- 당신이 얼마나 멋진 사람이고 사랑스러운지 드디어 깨닫게 될 것이다.


자기 자신에 대해 이러한 관점을 갖게 된다면 당신은

향후 **진정한 당신을 위한 길**을 가면서, 그 길에서 마땅히 누려야 할 삶이 무엇인지를 제대로 느낄 것이다.

### 당신의 이름은? 무슨 일을 하고 있나요?

크리스티나 라이셔트(Kristina Reichert), 창의적인 두뇌의 소유자로, 마케팅 분야에서 일하고 있습니다. #alopeciagesichter(탈모증에 대해 알리고 인식을 개선하기 위해 만든 웹페이지 ― 옮긴이)를 개설했습니다.

### 당신이 했던 용감한 행동은 무엇인가요?

나 자신을 있는 그대로 보이는 것.

### 당신의 가장 큰 두려움은 무엇이었나요?

저는 항상 다른 사람의 마음에 들고 싶어 했고, 가발을 집에 두고 오거나 공공장소에서 머리가 없는 상태로 다니면 타인이 나에 대해 어떻게 생각할지에 대한 두려움을 가지고 있었습니다.

### 그 두려움을 어떻게 극복했나요?

저는 탈모를 겪고 있지만 당당하게 자신의 대머리를 보이는 멋진 여성들의 사진을 인스타그램에서 보게 되었습니다. 그 사람들에게 감명을 받았고, 얼마 후 '그들이 할 수 있다면, 나도 할 수 있어!'라는 생각에서 영감을 얻었습니다. 제 가족들과 친구들은 무슨 일이 있든 저를 지지해주었고 머리카락이 있든 없든 저를 항상 있는 그대로 사랑해주었습니다. 그들이 제게 한 걸음 더 앞으로 나갈 수 있는 힘이 되어주었죠.

### 그 두려움을 극복할 만한 가치가 있었나요?

그럼요. 제 인생에서 내린 최고의 결정이었죠. 드디어 제 자신을 숨긴다는 기분 없이, 제 모습 그대로 살 수 있게 되었거든요.

### 용기와 관련된 가장 좋아하는 인용문이나 격언이 있나요?

"…… 진짜 대단한 놈들은 남들 신경 안 써." 닥터 수스(Dr. Seuss)

# 일상에서의 용기

나는 일상에서의 용기를 무척 중요하게 생각한다. 일상에서의 용기야말로 우리가 진정한 자기주도적인 삶을 살기 위해 필요한 용기이기 때문이다. 나에게 일상에서의 용기란, 우리가 우리의 것을 이루기 위한 용기를 점차 키울 수 있도록 우리 스스로에게 그리고 우리 자신의 욕구에 좀더 가까이 다가가기 위해 매일 할 수 있는 많은 조그마한 것들을 의미한다.

이와 같은 수많은 작은 실천 안에는 항상 성장하고, 더 나아지기 위해 연습하고, 무언가를 배우고 새로운 것을 경험하여 결과적으로는 큰 용기를 가지고 스스로의 길을 갈 수 있는 큰 가능성이 숨어 있다.

당신의 용기를 증명하기 위해 영웅이 되어야 하는 것이 아니다. 일상에서의 용기가 필요한 이유는,

- 친밀감과 충만함을 느낄 수 있는 인간관계를 이끌어나가기 위해서다.
- 마음을 열고 인간적인 모습을 보이기 위해서다.
- 필요한 경우 선을 분명히 하기 위해서다.
- 당신 스스로와 당신이 중요시하는 가치를 대변하기 위해서다.
- 당신을 행복하게 하는 일을 하기 위해서다.
- 당신의 의지대로 행동하고 당신의 것을 하기 위해서다.

지금부터 당장 일상 속에서 훈련해보고 싶다면, 좋은 자극이 될 만한 것들을 여기에서 몇 가지 소개하겠다.

일상에서의 용기를 키우기 위한 17가지 연습방법 — 출발과 워밍업, 스트레칭과 첫 시험 달리기용 — 을 통해 어쩌면 이미 작은 성과들을 얻을 수 있을지도 모른다. 이 과정에서 항상 염두에 두어야 할 것은 용기근육 훈련은 반드시 원하

는 결과를 얻는 데에 목적이 있다기보다, 그것을 실천했다는 점이 중요하다는 것이다. 당신이 축하해야 할 성과는 바로 그것이다. 그 과정이 바로 당신의 용기근육을 더 강하게 만들어주고, 당신이 원하는 삶을 살 수 있도록 해준다.

그래서 그 방법이 뭐냐고? 아주 간단하다.

## 첫 번째 훈련방법: 도전

아래의 용기 연습방법 리스트 중 한 가지를 골라 7일, 14일 혹은 21일 동안 반복해서 실행하는 것이다. 예를 들어, 매일 모르는 사람에게 말을 걸어보고 그 사람을 칭찬해보자!

여기에서 주의할 점이 있다. 이 훈련은 당신이 도전하려는 과제가 당신의 컴포트 존(comfort zone) 밖에 놓여 있을 경우에만 의미가 있다는 사실이다. 이것을 구분하는 방법은 당신이 해당 과제를 수행한다는 상상을 했을 때 조금 주저하게 되는지, 혹은 몇 가지 도움닫기를 필요로 하는지 마음을 살피는 것이다. 무언가가 당신의 컴포트 존 밖에 놓여 있는지 확인할 수 있는 정말 좋은 방법이 또 있다. 도전 과제를 듣고 당신의 머릿속에 그 행동을 하지 않을 여러 가지 변명과 반박할 거리가 떠오른다면, 예를 들어 시간이 없다거나 당신이 만난 사람이 칭찬받을 만한 사람이 아니었다는 등의 변명이 먼저 생각난다면 그 행동은 당신의 컴포트 존 밖에 놓여 있다고 볼 수 있다.

그러니까 이 리스트를 통해 매우 개인적인 도전을 한번 해보자. 기한을 정해두어도 좋고, 한 과제를 정해서 그것이 어렵게 느껴지지 않을 때까지 반복해도 좋다. 그 과제가 어느 순간에 쉽게 느껴진다면 당신의 용기 근육은 한 단계 더 강해졌다는 의미이다. 그럼 바로 다음 과제를 붙잡고 계속해서 열심히 훈련을 이어가자.

## 두 번째 훈련방법:
## 매일 새로운 연습방법 활용하기

매일 리스트에서 과제를 찾아 실행에 옮기는 방법이다. 행동에 대한 반응이 긍정적이든 부정적이든, 하루의 끝에

용기력 수업

과제를 실행에 옮겼다는 그 자체를 자축한다면 훈련을 일상의 일부로 만드는 것에 도움이 된다.

예를 들어 당신이 타인에게 칭찬을 건넸는데 상대방이 이상하게 반응을 했다거나 전혀 반응하지 않는 등 그 칭찬을 받아들이지 않았을 때, 신경 쓰지 말고 당신이 과제를 행했다는 사실 자체를 축하하도록 하자. 많은 사람들이 칭찬에 익숙하지 못하고 어떻게 반응해야 할지 모른다. 특히 칭찬을 건넨 사람이 모르는 사람이면 더욱 그렇다. 그러니까 그들의 반응은 당신 때문이라기보다 상대방에게 그 원인이 있는 것이다. 당신은 그와 동시에 당신의 실수문화를 훈련하게 될 것이다. 기억하는가? 실패해도 괜찮다! 용기 근육을 훈련하는 데에는 성공적인 결과가 중요한 것이 아니라 행동, 시도, 출발이 중요하다.


### 세 번째 훈련방법: 끌리는 대로, 내키는 대로


당신이 내킬 때마다 과제 하나를 리스트에서 선택하여 실행에 옮기는 방법이다. 빠밤!

아래는 당신의 용기를 키워줄 과제 리스트이다.


01. 낯선 사람에게 가서 말을 걸고 칭찬을 해보자.

02. 당신이 오늘 마주치는 모든 사람에게 미소를 지어주자.

03. 낯선 사람에게 다가가 도움을 주자. (가방을 들어준다거나, 손수건을 내민다거나, 길을 건너는 것을 도와줘보자.)

04. 낯선 사람에게 도움을 청해보자.

05. 누군가에게 지하철 표를 살 수 있는 액수의 돈을 빌려보자.

06. 누군가에게 말을 걸고 길을 물어보자.

07. 꽃을 사서 아직 잘 모르는 이에게 건네보자.

08. 혼자 영화/연극/뮤지컬을 관람하거나 클럽에 가보자.

09. 혼자, 책 없이, 밥을 먹으러 가보자.

10. 같이 춤출 파트너가 없어도, 삼바 춤 동호회에 한번 가보자.

11. 길거리에 서서 '프리허그'를 해보자.

12. 당신에게 쉽지 않은 주제를 다루는 세미나를 예약하고 거기에 참가해보자.

13. 나체로 거울 앞에 서서 자신의 눈을 바라보고 세 번 크고 명료하게 '사랑해!'라고 외쳐보자.

14. 새 신발 또는 새 옷을 살 때 더 낮은 가격을 협상해보자. 할인을 받거나 신발끈 또는 옷걸이와 같은 기증품을 받기 전까지 의견을 굽히지 말자.

15. 오늘, 내키지 않는 어떤 일에 대해 의식적으로 거절 의사를 밝히고 그 입장을 견지해보자.

16. 오늘, 아직 두려움을 갖고 있는 어떤 일에 대해 의식적으로 승인하고 가능한 빠른 시간 안에 이를 실행으로 옮겨보자.

17. 파티나 행사에 참석해서 가능한 한 많은 모르는 사람들에게 말을 걸어보자.


## 네 번째 훈련방법:
## 자기 자신만의 리스트 만들어보기


당신의 컴포트 존에 대해 가장 잘 아는 것은 당신 자신이다. 그러므로 당신의 컴포트 존 밖에 놓은 10가지에서 15

가지 정도 되는 행동이나 상황들을 적어보고, 이를 통해 당신의 용기근육을 꾸준히 훈련하도록 해보자. 우리로 하여금 아주 큰 도약을 가능하도록 하는 것은 바로 이러한 작은 걸음들이다. 당신은 얼마나 빨리 당신의 용기근육이 강해지는지, 자기주도적으로 당신의 길을 가게 될 수 있는지에 대해 놀라게 될 것이다.

어떤 방법을 택하든 상관없다. 즐겁게 시작하고, 처음 거둔 성공들을 자축하자. 여기서 중요한 건 잊지 않고 자축하는 것이다! 성공을 축하하는 것은 용기근육 훈련의 중요한 일부이다. 새로운 행동양식이 자리잡고, 잊히지 않도록 하기 위해서는 이것이 중요하다. 그러면 시간이 흐를수록 불안한 상황에서도 용기 있는 행동을 취하는 것이 점점 더 쉬워질 것이다.

그러므로 성공을 자축하는 것은 선택사항이 아니라 훈련 자체만큼이나 중요한 훈련의 일부이다!

**당신의 이름은? 무슨 일을 하고 있나요?**

자비네 하인리히(Sabine Heinrich)입니다. 기자이자 진행자, 작가이죠.

**당신이 했던 용감한 행동은 무엇인가요?**

12월 31일을 홀로 보내는 것.

**당신의 가장 큰 두려움은 무엇이었나요?**

내가 외로워져서 새해를 울면서 시작하게 되는 것.

**그 두려움을 어떻게 극복했나요?**

그냥 해버렸어요. 샴페인을 터뜨리고 싶은 기분이 아니어서, 그냥 조용히 보냈죠. 빵에 버터를 바르고 봐줄 만한 영화를 봤어요. 자정이 지난 직후에는 스스로에게 "새해 복 많이 받아"라고 해주고 침대에 누웠죠.

**그 두려움을 극복할 만한 가치가 있었나요?**

네! 그 이후로 혼자 시간을 보낼 때 좀더 여유가 생겼고 이를 즐길 수 있게 됐어요. 새해 전날을 혼자 보냈으니, 다른 모든 것들도 혼자 할 수 있겠죠.

**용기와 관련된 가장 좋아하는 인용문이나 격언이 있나요?**

"어떤 행동이 진짜 멍청한 행동인지 알아보기 위해서는 먼저 실행에 옮겨봐야 안다. 당신이 그동안 내렸던 결정을 돌아봐야 한다. 진짜 잘못된 판단을 내린 적이 얼마나 있었는가?"

# 영웅적 용기

영웅적 용기는 시민의 용기나 특별히 용맹한 행동들로 옮겨 적을 수 있을 것이다. 일상에서의 용기와는 달리, 영웅적 용기는 매일 필요한 것이 아니다. 하지만 가끔씩은 인생이 우리를 시험에 들게 할 때가 있고, 그럴 때에는 아주 특별한 이 용기가 필요하다. 사고가 났을 때, 다른 사람들이 위급한 상황에 처했을 때, 위기에 처해서 급한 상황이 되면 이러한 영웅이 필요해지게 된다.

나는 다행스럽게도 인생을 살면서 나의 영웅적 용기가 필요한 상황이 그렇게 많지는 않았다. 하지만 두 번에 걸쳐 내가 입장을 취하고, 내 태도를 분명히 해야 했던, 내 입장으로서는 영웅적 용기를 보여야만 했던 상황에 놓인 적이 있었다.

첫 번째 상황은 내가 20대 초반이었을 때의 일이다. 나의 제대로 된 첫 직장은 통신사였는데, 그곳에서 기술 구매 담당을 맡았었다. 그때 내가 직면해야 했던 문제는 나의 상사와 관련된 것이었다. 내 상사는 예전에 독일 연방군 장교를 지냈던 사람이었는데, 자신의 직장동료들과 사무실에서 지내는 법은 잘 익히지 못한 사람이었다. 그는 매일 아침이면 사람들과 인사를 나누기 위해 악수를 하곤 했는데, 그때마다 너무 가까이 다가오는 경향이 있었다. 또 손에 들고 있던 서류파일로 한 직원의 엉덩이를 찰싹 때리려고 한 적도 있었고, 어떤 직원이 민소매 상의를 입고 나타나자 어깨끈 위치를 바로잡아준 적도 있다. 한때 나랏일에 몸담고 있었던 사람답게 그 직원에게 먼저 이렇게 물어보긴 했다. "여기 잠깐 만져도 돼요?" 하지만 상대방이 그 질문에 답할 때까지 기다려주지는 않았다. 그의 이런 모습을 몇 번 마주하고 난 뒤, 나는 그와 이 주제에 대해 직접적으로 이야기하기로 마음먹었다. 이런 주제에 대해 대화를 나누기 위해 상사의 사무실 안으로 들어서던 그 순간, 나는 당연히 흥분 때문에 그다지 속이 좋지 않았다. 물론 직장을 잃게 될까 봐 두렵기도 했다. 이 대화가 내게 어떤 결과를 가져올지도 전혀 알 수 없었다. 하지만 이 사람 때문에 너무 자주 괴로운 상황에 부딪쳐야 했던 게 사실이었다. 나는 매일 아침 그에게 손을 내주는 것이 싫었고, 그를 마주칠 때마다 매번 신경을 곤두세우고 경계해야 하는 것에도 지쳐 있었다. 그 당시의 난 매우 어렸지만 그의 행동이 나와 다른 여성 직장 동료들에게 옳지 않다는 내면의 확신이 있었다. 더군다나 그는 우리의 상사였기 때문에 이 상황은 잘못된 것임이 더욱 더 분명했다.

나는 어찌어찌 해서 그와 이 주제에 대해 대화를 나누는 데에 성공했다. 오늘날까지도 종종 이 일에 대해 생각하면 스스로가 놀랍다. 나는 최대한 차분한 톤으로 다양한 상황들을 나열하고 그의 행동이 불편을 준다는 사실을 설명했다. 그리고 앞으로는 그러지 말아줄 것을 당부했다. 그는 처음에는 놀랐고, 그 다음에는 분개하며 그 자리에서 곧장 증인 역할을 해줄 — 당시 그의 비서였던 — 사람을 불러왔다. 그건 내가 직장생활을 하며 겪었던 가장 흥분되고 어려웠던 30분이었다. 대화의 말미에서는 결국 그가 흥분을 가라앉히고 내게 사과를 건넸으며, 앞으로는 나아진 태도를 보이겠다고 약속했다. 이 사건은 내가 수습기간에 있을 때 발생한 일임에도 불구하고, 놀랍게도 나는 내 일자리를 계속해서 유지할 수 있었다. 그 사건 이후로 나의 상사는 예를 갖추고 거리감을 두며 나를 대했고, 내 생일일 때도 멀리서 악수 없이 축하를 건넸다. 몇 년이 지난 후에야 나는 그가 곧바로 증인을 불러온 것으로 미루어보아 이런 종류의 대화를 그때 처음 나눈 게 아니었으리란 사실을 깨달았다. 또한 그 상사의 잘못된 행동이 비단 나 한 사람에게만 문제가 되는 게 아니라 여러 차원에서 문제가 되는 일이었음을 알게 된 것도 얼마간의 시간이 흐른 후였다. 지금 같았으면 나 자신만을 위해 목소리를 내는 정도에서 그치지 않고 이 일을 훨씬 더 공론화시켰을 것이다.

그 일이 있고 10년이 지난 후—내가 인생과 직장에서 더 많은 경험을 쌓았을 때—나는 다시 한 번 나의 영웅적 용기를 발휘할 기회를 맞닥뜨렸다. 당시의 나는 막 어떤 회사의 전략구매담당자로서의 커리어를 시작했는데, 나의 상사로 있던 사람과 그의 대리인이 비정상이라는 사실을 깨달았다. 그때는 직장 내의 괴롭힘, 부정과 직원 간의 차별의 반복과 같은 일들이 문제였다. 나는 그 스트레스와 무시를 더 이상 견딜 수 없어서 눈물을 흘리는 직원들을 계속해서 화장실에서 마주쳤다.

이때는 단둘이 대화를 하는 식으로 문제를 풀지 않았다. 이들이 벌써 몇 년째 이런 식으로 행동한다는 사실을 알고 난 뒤, 나는 그들을 고발했다. 결과적으로 이 두 사람은 며칠 되지 않아 즉시 해고되었으며, 회사 건물 출입금지 명령을 받고, 노동법원에서조차 패소했다. 내가 제출한 고소장에 나타난 내용이 해당 부서에서 일하던 동료들의 증언에 의해 완벽하게 뒷받침됐기 때문에, 이에 반박하는 증거를 제출하기가 어려웠던 것이다. 나로서는 이 모든 것을 실행에 옮기는 데에도 정말 큰 용기가 필요했고, 이 일이 있은 후 얼마 동안은 해고된 두 사람이 나의 집 앞에서, 아니면 숲길에서 조깅할 때 나를 급습하면 어떡하나 두려워했다. 다행히 그런 일은 한 번도 일어나지 않았다. 나는 그 이후로도 이 회사에서 오래 근무했고, 나뿐만 아니라 많은 직원들의 고통을 줄여줄 수 있었기에, 나는 그때 내가 영웅적 용기를 냈다는 사실에 오늘까지도 기쁘고 감사하게 생각하고 있다.

특히 영웅적 용기는 우리 자신뿐만 아니라 다른 이들을 대신하고 싶을 때 필요한 용기이다. 이는 우리가 가늠할 수는 없지만 감수해야 할 위험요소가 있을 때, 행동하는 것 외에는 다른 어떤 대안도 없을 때 필요한 용기이다. 이 세상의 모든 부모들은 자식의 안위와 관련된 일이라면, 더군다나 그 자식이 아주 어리다면 이러한 영웅적 용기를 안에 지니고 있다. 그래서 우리는 종종 아이들을 구하기 위해 그 엄마나 아빠가 믿을 수 없는 힘을 발휘했다는 기사를 읽곤 한다. 또 어떤 사람들은 심지어 스스로 부상을 입을 위험에도 불구하고 폭력사태를 막기 위해 다른 사람들을 대신하여 위험에 뛰어들기도 한다. 강한 용기근육이 있다면 영웅적 용기를 끌어내야 하는 순간에 분명 도움이 될 것이다.

나의 경험으로는 두 번 다 영웅적 용기를 발휘한 결과가 좋았고, 그럴 만한 가치가 있었다. 이를 통해 영웅적 용기에 관한 긍정적인 경험을 할 수 있었다. 하지만 만약 두 번 중에 한 번, 혹은 두 번의 경우 모두 내가 직장을 잃는 결과로 이어졌다면 어땠을까? 아니면 원하지 않았던 또 다른 부정적 결과가 나를 기다리고 있었더라면? 추측컨대, 나는 그랬다고 하더라도 같은 결정을 내리고 동일하게 행동했을 것이다. 어쩌면 더 빠르고 더 큰 대응을 했을 수도 있다. 분명한 내적 결단이 섰던 일이었고, 충분히 그럴 만한 이유가 있었기에 무조건 실행에 옮겨야만 했기 때문이다. 나는 종종 두려움을 느끼면서도 그 두려움이 영향을 미치지 못하는 순간들이 있다는 걸 깨닫는다. 피를 뽑아야 할 때나 큰 엉덩이때문에 겪는 곤란한 상황과 같은 일상의 작은 일들에는 여전히 두려움과 불안함을 갖고 있으면서도 말이다.

이는 결국 나로 하여금, 그리고 당신에게도 매우 사적인 어려움과 도전과제, 그리고 매우 개인적인 용기근육 훈련에 있어서는 일반적인 해답이 있는 게 아니라 스스로의 방법을 찾아야 한다는 결론에 이르게 한다. 그리고 겉으로 보아서는 어떤 것이 우리의 마음을 자극하는지, 우리에게 용기를 불어넣거나 우리를 두려워하게 만드는지 알 수 없지만, 우리는 언제든지 영웅으로 거듭날 수 있다는 깨달음을 준다.

용기력 수업

**당신의 이름은? 무슨 일을 하고 있나요?**

저는 겔젠키르헨에서 온 테리 라인트케(Terry Reintke)라고 합니다. 녹색당 소속 유럽의회 의원입니다.

**당신이 했던 용감한 행동은 무엇인가요?**

저는 유럽의회 총회 때 저의 성추행 경험에 관한 연설을 했습니다.

**당신의 가장 큰 두려움은 무엇이었나요?**

저는 정치인으로서 매우 자주 증오와 선동의 대상이 되곤 합니다. 저는 사람들, 특히 남자들로부터 메일이나 메시지, 댓글 등을 통해 모욕적인 말을 듣거나 위협을 받습니다. 무엇보다 페미니즘이나 피난민과 관련한 주제에 대해 저의 의견을 밝히면 이런 일들이 일어나곤 합니다. 그래서 제가 이 연설을 했을 때의 가장 큰 두려움은 이로써 또 공격의 대상이 되지 않을까 하는 것이었습니다. 제 이야기를 함으로써 증오가 담긴 메시지 공격이 심해지면 어떡하지, 내 이야기를 믿지 않으면 어떡하지, 하는 두려움이 있었습니다. 아니면 — 이건 제게 자주 일어나는 일인데 — 사람들이 저를 대상으로 이와 비슷하거나 더 심한 형태의 성폭력이 이루어지길 바랄까 봐 두려웠습니다.

**그 두려움을 어떻게 극복했나요?**

몇 세기에 걸쳐 성 평등과 해방을 위해 싸우는 강하고, 제게 영감을 주는 여성들을 떠올렸습니다. 상대편이 방해를 거듭해도 — 몇몇은 매우 강력한 상대였음에도 불구하고 — 물러나지 않았던 여성들이요. 그들은 제가 의회의 일원이 될 수 있게 해준 사람들이자 제 직업, 파트너, 인생과 관련하여 자유로운 의사결정을 내릴 수 있게 싸워준 사람들입니다. 저는 그들에게 용기를 빚지고 있는 셈이었죠.

**그 두려움을 극복할 만한 가치가 있었나요?**

물론입니다.

**용기와 관련된 가장 좋아하는 인용문이나 격언이 있나요?**

"당신은 지금의 당신보다 더 큰 사람으로 성장할 수 있다."

# 위기의 상황에서

## 인생을 마주할 용기를 잃지 말 것

나 자신도 인생에서 몇 가지 위기를 겪었다. 탈모, 그리고 이와 관련이 있었던 모든 것들은 분명 내가 인생에서 겪었던 가장 큰 위기였다. 이는 가장 지속적인 방식으로 나를 바꿔놓은 사건이기도 했다. 직업을 통해 만나는 사람들뿐 아니라 사적 영역, 주변에서 보면 사람들이 계속해서 위기에 봉착한다는 사실을 알게 된다. 이는 다양한 형태와 규모를 띠고 있으며 신체적, 심리적, 정신적인 것일 수 있다. 또는 이 모든 것이 한꺼번에 오기도 한다. 이번 장은 바로 위기를 겪고 있는 사람들, 즉 질병이나 이혼, 상실, 우울 또는 기타 인생의 위기 상황에 놓여 있는 사람들을 위한 장이다.

여기에서는 일단 우선은 어쩌면 특별한 용기근육 훈련, 추가적인 도전과제가 필요하지 않을지도 모르겠다. 왜냐하면 위기를 겪고 있는 대부분의 사람들은 살아가는 것, 하루하루를 견뎌내는 것만으로도 이미 자신의 최대치를 쏟아내고 있을 것이기 때문이다. 이것으로도 충분하다. 비록 탈모가 생사를 가르는 질병은 아니었음에도 탈모를 겪고 있을 당시 매일 아침 새로운 도전에 직면한 듯한 기분을 느꼈던 것을 생생하게 기억하고 있다.

만약 당신이 바로 그러한 위기에 처해 있다면 당신이 무엇보다 먼저 해야 할 일은 자기애를 키우는 것이다. 이를 위해 자기애에 대한 장을 읽고 여기 적힌 대로 연습을 할 수도 있을 것이다. 아니면 명상 가이드를 다운받아 이것이 스스로와의 애정 어린 관계를 쌓고 자기애를 키우는 데에 도움이 되는지 살펴볼 수도 있을 것이다.

이러한 위기상황이 발생했을 때 또는 질병에 걸렸을 때, 어떤 일이 일어날까? 우리는 스스로에게 왜 하필 자신에게 이러한 일이 일어났는지를 묻게 된다. 왜 나일까? 왜 하필 지금 이런 일이 일어나는 걸까? 내가 뭘 잘못했기에?

그러면, 우리의 뇌는 굉장히 정확하기 때문에 바로 이 질문에 대한 답을 찾기 시작한다. 우리가 했던 잘못, 다르게 행동했으면 좋았을 것들, 그리고 우리가 왜 이러한 상황에 처했는지에 대해 보고하기 시작하는 것이다. 이렇게 꼬리에 꼬리를 무는 생각에 잠겨 있다보면 꽤 오랫동안 깊이 골몰하게 될 것이다. 하지만 여기서 던져야 할 질문은 이것이다. 이게 당신에게 얼마나 도움이 될까? 당신을 다음 단계로 데려다줄 수 있는 새로운 발견이 있는가? 아니면 점점 더 깊이 당신의 위기 속으로 파고들게 되는가?

나는 사실 주기적으로 스스로에 대해 성찰하고 자신의 위치를 점검하는 것이 큰 의미가 있다고 생각한다. 특히 인생의 의미를 찾지 못해 위기의식을 느끼고 인생에서 새로운 방향을 찾고자 한다면 이러한 성찰은 필요하다. 하지만 종이 한 장 없이, 좋은 청자와 질문자, 혹은 전문적인 도움 없이 머릿속으로만 이렇게 성찰하는 것은 무의미하다는 것이 나의 의견이다. 이렇게 되면 단지 끝없는 생각에서만 멈추고, 부정적이고 과거지향적인 질문만 반복하다가 별로 미래지향적이지 않은 답변으로 이어지는 데에 그칠 것이기

용기력 수업

때문이다.

이 부분에 있어 나는 세계적으로 유명한 미국 출신의 인생 코치 토니 로빈스(Tony Robbins)의 말에 공감한다. 그는 "당신이 인생에서 던지는 질문들이 당신 인생의 질을 결정한다!"고 말했다.

스스로에게 새로운 질문을 던지는 것부터 시작해보자. 어떻게 하면 당신의 상태가 나아질 수 있을까? 어떻게 하면 당신의 부담을 덜 수 있을까? 오늘 나 자신에게 해줄 수 있는 좋은 일은 무엇일까? 나의 미래를 위해 할 수 있는 좋은 첫 걸음은 무엇일까?

이렇게 스스로에게 질문을 던짐으로써 전처럼 어려운 현재 상황을 단순히 무의미하게 반추하고 굳히는 대신, 예전에는 보지 못했던 다른 방향을 발견하게 될 수도 있고, 자원이나 해결책을 찾을 수도 있다.

고통이나 슬픔, 현재 상황이나 관심을 필요로 하는 일을 억지로 밀어내라는 뜻이 아니라, 이런 것들이 있다는 사실을 인정하되 이와 동시에 즐거운 것들, 가볍고 미래지향적인 것들도 같이 생각해 달라는 말을 하고 싶다.

소위 '힘의 질문'이라고 불리는 것들이 도움이 될 것이다. 고요한 곳에 앉아 이 질문들을 반복해서 스스로에게 던지고 어떤 대답이 나오는지에 대해 호기심을 가져보자.

- 당신을 행복하게 만드는 것은 무엇인가?
- 당신은 어떤 것에 대해 자랑스러운가?
- 당신은 무엇에 감격하는가? 어떤 대상에 열정을 갖고 있는가?
- 당신은 어떤 것을 즐기는가?
- 당신은 어떠한 것에 감사한 마음이 드는가?
- 누구를 또는 무엇을 사랑하는가?

이 질문들은 언제든지 활용할 수 있는 것들이다. 아침 또는 저녁에 습관처럼 하기에 좋다. 그리고 이 질문들에 대한 대답이 매번 다르게 나오는 것은 매우 정상적인 현상이다. 핵심은 긍정적인 방향으로 나가고자 하는 마음을 강화시키는 것이지 '바른' 답변을 찾는 것이 아니기 때문이다.

내가 믿는 인생의 동반자 중 한 명이자 점술가로 활동

하는 도리스 로트라우어(Doris Rodlauer)는 내게 다음의 멋진 말을 선사한 적이 있다. "당신의 거실에 고통과 슬픔의 화분이 놓여 있다면, 사랑과 기쁨의 화분을 바로 그 옆에 놓아두어라."

위기의 상황에서도 긍정적이고 낙관적으로 자신의 길을 가고, 그 과정에서 용기와 더 나은 내일에 대한 믿음을 잃지 않는 모든 사람들은 우리의 존경을 받아 마땅하다. 여기서도 마찬가지로, 겉으로 보아서는 개인이 겪고 있는 고통이나 그가 삶에서 극복해야 할 과제가 얼마나 큰지 알 수 없기 때문이다.

### 당신의 이름은? 무슨 일을 하고 있나요?

저는 페터 회프너(Peter Höffner)입니다. 독립적인 금융 중개사이자 시스템 고문으로 일했습니다. 얼마 전부터는 병가를 내고 일을 쉬고 있습니다.

### 당신이 했던 용감한 행동은 무엇인가요?

겉보기에 모든 것들이 가능하고, 노력만 한다면 누구나 모든 것을 이룰 수 있는 것처럼 보이는 세계에서는 이 모든 것들이 너무 어렵게 느껴집니다. 저는 수년 전부터 심한편두통에 시달리고 한 달에도 몇 번씩 아팠습니다. 거기에 극심한 우울증까지 찾아왔죠. 저는 용기를 내어 병가를 내고 심신상관(psychosomatic) 의학 클리닉을 찾았습니다. 언젠가는 고통 없이 가볍고 기쁜 마음으로 제 삶을 디자인할 수 있을 거라는 희망으로 제가 당면하고 있는 문제들을 해결하고자 했습니다.

### 당신의 가장 큰 두려움은 무엇이었나요?

제가 처했던 상황이 좋아지지 않고 일하는 일상으로 복귀할 수 없을 것이라는 두려움이 가장 컸습니다. 활동적인 삶을 사는 것이 저에게는 항상 중요했거든요.

### 그 두려움을 어떻게 극복했나요?

저는 이 두려움을 아직 극복하지 못했습니다. 아직도 갖고 있죠. 그럼에도 제가 했던 선택이 옳았다고 믿습니다. 그리고 언젠가는 상황이 나아지거나 제가 더 나은 대처방법을 찾으리라는 희망을 여전히 갖고 있습니다.

### 그 두려움을 극복할 만한 가치가 있었나요?

저는 그것이 저에게 맞는 단계였다고 생각합니다. 다른 결정을 내렸을 때 인생이 어떻게 바뀌었을지 알 수 있는 사람은 아무도 없습니다. 그리고 미래의 일은 알 수 없으므로 이러한 상황에서는 믿음과 계속 하려는 에너지만이 도움이 됩니다.

### 용기와 관련된 가장 좋아하는 인용문이나 격언이 있나요?

마야 안젤루(Maya Angelou)의 말입니다. "당신은 당신의 인생에서 일어나는 일을 결정할 수 없지만, 그 일로부터 무엇을 얻을지 결정할 수는 있다."

# 있는 그대로
# 당신도 괜찮아

우리는 넘어지면서 걷는 법을 배운다. 성인이 되면서 그 과정을 잊어버리므로, 이제는 넘어지는 법을 다시 배워야 할 차례다.

이번 장에서는 훈련의 시작과 훈련 과정에서의 실패를 다루는 법, 두려움과 부끄러움, 완벽주의에 대한 대처와 관련한 연습과제와 아이디어에 자극을 받게 될 것이다.

말하자면 용감한 삶의 육상트랙을 달리기 위해 필요한 모든 것들이 준비되어 있는 것이다. 그럼 이제, 운동화 끈을 조이고 워밍업 한 뒤출발해보자.

# 우리는 넘어지면서 걷는 법을 배운다!

오늘날의 우리는 가능한 성공한 인생을 지향하며 살아간다. 우리는 스스로를, 우리의 직업을, 연인관계를, 계좌의 잔고를, 우리의 신체를 끊임없이 더 나은 상태로 개선하고 가능한 가장 좋은 상태로 만들고자 한다. 이러한 개선의 강요로부터 자유로운 영역은 현재로서 떠오르지 않는다. 성공만이 현재의 사회에서 유일하게 유효한 측정기준인 듯하다. 나 또한 물론, 예를 들면 이 책이 큰 성공을 거둔다면 기뻐할 것이다. 하지만 성공이 보장되지 않으면 시도조차 하지 않으려고 할 때 문제가 시작된다. 나도 그랬다면, 이 책은 아마 출간되지 못했을 것이다.

발표를 해야 하는 상황을 예로 들자면, 우리는 발표를

해야 한다는 두려움에 사로잡혀 있을 뿐만 아니라 그 발표가 매우 성공적이어야 한다는 압박과 스트레스를 받게 된다는 뜻이다. 하지만 그러한 생각이 발전과 성장에 별로 도움이 되지 않는다는 사실을 이 자리에서 굳이 한 번 더 강조할 필요는 없을 것이다.

나는 내 조카들이 어떤 과정을 통해 걷는 법을 배웠는지를 아직도 잘 기억하고 있다. 그들은 넘어지면서 걷는 법을 배웠다. 성공은 무릎과 엉덩이가 여러 번 바닥에 부딪친 뒤에야 찾아오는 법이다. 하지만 우리는 어른이 되는 순간 그 사실을 잊는다.

물론 실패했을 때보다 성공했을 때 좋은 기분이 들겠지만, 우리는 종종 넘어짐으로써 더 많은 것을 배우게 된다. 그리고 성공을 거둔 사람들 역시 실패를 경험한다. 이로 인해 먼 길을 돌아가게 되기도 하지만, 그 과정에서 새로운 발견을 하고, 성공하기 위해 끊임없이 시도하는 모습을 항상 확인할 수 있다. 성공을 거둔 수많은 사업가들은 적어도 한 번은 파산을 경험한 적이 있다. 수많은 밴드들은 그들이 '하루아침에' 유명해지기 전에 수년 동안 조그만 바에서 소수의 대중들을 상대로 연주하거나 가족을 대상으로 연주했던 경험을 가지고 있다. 수많은 유명한 배우들은 오디션에서 낙방하여 청소를 하거나 서빙 일을 하며 힘든 시기를 버티기도 했다. 하지만 대부분의 사람들은 그들의 성공만을 주목하며 이것이 실패 없이 이루어졌다고 믿는다. 물론 그렇게 바로 이루어진 성공도 있을 수 있겠지만, 그건 예외적인 상황이라고 보아야 할 것이다.

내가 살아온 과정을 되돌아보면, 나는 좋은 실수문화를 확립하는 것 ─ 나 스스로와 다른 사람들에게 가끔 실패할 수 있도록 허용하는 것 ─ 이 나에게 매우 중요한 동시에 매우 어려웠다는 사실을 분명히 알 수 있다. 나는 커리어 문제에 있어서 자존감이 매우 높았음에도 이 분야에서 어떤 일이 있어도 실수하고 싶지 않았다. 당신도 기억하고 있을 것이다. 나는 다른 사람들과 나의 상사가 나에 대해 뭐라고 생각할지가 두려웠다.

이러한 생각은 내가 막 부장 자리를 맡게 되었을 때 꽤나 큰 스트레스를 안겨주었다. 그 자리는 내가 한 일의 결과에 대해서만 책임을 지는 것이 아니라, 다른 사람들이 한 일에 대해서도 책임을 져야 하는 자리였기 때문이다. 아, 불쌍한 내 동료직원들. 그래도 처음에는 꽤 잘, 적어도 지금 돌아보면 그 당시에 '터프하게' 잘 견뎌냈다. 계속 두려워한다고 해서 상황이 더 나아지거나 더 견디기 쉬워지지는 않는다. 만약 당신이 리더의 위치에 있고 지금 하는 이야기가 모두 공감이 간다면, 당신을 위한 과제가 있다. 한번 실행해보자! 이는 당신을 더 나은 리더로, 당신의 직원들을 더 자주적이고 나은 팀으로 만들어줄 것이다.

하지만 결과에 지나치게 의존하는 태도를 어떻게 하면 바꿀 수 있을까? 어떻게 하면 다시 아이들처럼 인생에는 넘어지는 과정도 포함된다는 사실을 받아들일 수 있을까? 성공에 대한 보장이 있어야만 시작하는 것은 의미가 없다는 사실을 어떻게 배울 수 있을까? 그리고 사실 그렇게 한다고 해서 우리를 비난할 사람이 있을까? 당신도 나와 같아서, 여기에 대해서 오래 생각하면 생각할수록 점점 더이상하게 느껴질지도 모르겠다. 하지만 이러한 생각을 어떻게 바꾸면 좋을지에 대해 내게 아이디어가 하나 있다.

지금부터 당신의 행동 결과를 축하하지 말고, 시도를

하기 위해 용기를 냈다는 사실을 축하하라. 발을 뗐다는 사실, 시도했다는 사실, 혹시 잘 될지도 모르니까 한번 해보았다는 그 사실을 축하하는 것이다. 아니면 아, 이런 식으로는 안 되겠구나, 한 번 더 연습하거나 누군가의 도움받을 방법을 찾아야겠다, 혹은 자세히 보니 이건 내가 원하는 게 아니었다는 깨달음을 얻었다는 사실을 축하하는 것이다.

나는 나 자신에게 맞는 방법으로 실패하는 법을 다시 배우고 좋은 실수 문화가 자리 잡도록 연습하는 과정에서 다음의 깨달음을 얻었다.

- 실패의 아이디어는 당신이 실제로 시도할 때까지 이론적인 개념으로 남아 있을 것이다. 이를 시도하지 않으면 당신은 그 사실을 결코 깨닫지 못한다.
- 때로는 실패가 해방감을 안겨줄 수도 있다. 그리고 이것은 무대 위에서, 혹은 맥주를 한 잔 걸칠 때 좋은 이야깃거리가 될 수 있다.
- 모든 실패는 내가 더욱 나다워질 수 있도록, 나의 본질에 더 가깝게 만들어주는 경험이었다. 나는 매번 나 자신에

대해 더 잘 알게 되었고, 더 잘 이해할 수 있게 되었다.

● 실패는 나의 인생경험을 더욱 풍부하게 만들어주었다. 특
  히 코치와 트레이너라는 직업상, 이것은 돈을 주고도 살
  수 없는 값진 자산이 되었다.

# 꿈과 실패에 대하여

나는 내 꿈과 희망을 완전히 낭비해버린 두 번의 경험이 있다. 누군가는 내가 실패했다고도 말할 수 있을 것이다. 반면, 나는 지금 그때를 돌아보며 이렇게 생각한다. 확 질러버리다니, 멋진데! 캘리포니아에서 멋진 휴가를 보내고, 나는 미국이 나를 완전히 자유롭게 만든다는 느낌을 받았다. 캘리포니아의 광활함과 삶의 방식이 큰 감흥으로 다가온 것이다. 하루 종일 가벼운 샌들 차림으로 해변을 거닐고, 햇빛을 받으며 여유롭게 히피처럼 살아도 괜찮았다. 이거다! 캘리포니아여, 내가 간다! 나는 말한 대로 실행했다. 캘리포니아에서 휴가를 보낸 뒤 1년 반이 지났을 때, 나는 안정적인 직장을 그만두고, 짐을 챙겨서 6개월 비자를 받아 두 개의 캐리어와 500달러의 초기 자본금을 들고 샌디에이고로 향했다. 사실 그때 가진 돈이 500달러뿐이었다는 사실을 제외하고도 여러 가지 이유로 그곳에서 직장을 찾고 정착하기는 어려웠을 것이다. 하지만 내가 얻은 가장 크고 놀라운 깨달음은 경관이 아무리 멋지고, 햇살이 아무리 따사롭고, 분위기가 아무리 여유로워도 쾰른의 성당과 쾰른 사람들의 솔직함, 직설적인 문화에 대한 그리움이 너무 강했다는 사실이다. 그때 나는 처음 쓰린 마음으로 내가 뼛속까지 쾰른 사람이고 나의 뿌리가 내 고향에 깊이 뿌리 내린만큼, 고향에 대한 애정이 크다는 결론을 내렸다. 어쩌면 여러분들도 그 정도의 착각을 했다는 사실을 스스로 인정하기가 얼마나 어려웠는지에 대해 공감할 수 있을 것이다.

일디코 폰 퀴르티(Ildiko von Kürthy, 독일의 작가 겸 기자)는 "가끔은 어쩔 수 없이 자신이 인생의 꿈에 쏟은 애정만큼, 그 꿈으로부터 애정을 돌려받지 못한다는 사실을 깨닫게 된다"고 말했다. 아름답지 않은 경험이지만, 배울 점은 많다. 유쾌하지는 않지만 더 강해지고 자유로워진다. 그리고 실수문화를 발전시킬 수 있는 좋은 기회가 된다. 스스로를 믿어보는 것과 어떨지 한번 해보는 것 말이다. 내가 만약 그때 시도하지 않았다면, 언젠가 짐을 싸서 캘리포니아 걸이 되겠다는 꿈을 여전히 비밀스럽게 간직하고 있었을지도 모른다.

수포로 돌아간 나의 두 번째 꿈은 영업직을 맡는 것이었다. 나는 항상 내 안에 영업사원 기질이 숨어 있다는 느낌을 가졌었다. 캘리포니아에서 돌아온 이후, 나는 몇몇 영업직에 지원을 했고, 면접을 잘 치른 뒤 합격통보를 받았다. 4주간의 영업부 연수를 마치고 2주간의 인수인계를 받고 나니, 이건 아니라는 생각이 들었다.

영업부서의 임원들이 문제에 접근하는 방식도 내가 중요시하는 가치에 맞지 않았다. 그래서 이곳에 다닐 때 나는 매일같이 많은 시간을 차 안에서 혼자 보냈다. 게다가 내가 담당하는 지역 역시 살던 곳에서 너무 멀리 떨어져 있었고, 게다가 쾰른의 소통규칙이 통하지 않는다는 사실에 약간의 문화충격을 받았다.

나는 단 6주 만에 거울 속의 나를 마주보고 내 결정이 잘못됐음을 시인해야 했다. 나는 불행했고, 외로웠다. 장거리 운전, 고객들과의 길지 않은 대화, 그리고 많은 돈을 벌수 있는 가능성만 있다면 어떻게든 될 거라는 식의 이해할수 없는 영업부서 임원진의 아이디어까지. 나에겐 도저히맞지 않는 일이었고, 나는 바로 그만두었다.

이 두 가지 결정이 실수였을까? 내 관점에서 보자면, 그렇지 않다. 두 가지 모두 꼭 필요한 좋은 경험이었다. 그리고 나를 더 강하고 자유롭게 만들어주었다.

우리가 지나치게 결과에 의존하지 않는다면, 가끔씩 무언가를 시도할 수도 있게 된다. 간혹, 멀리서는 내가 꾸는꿈이 진짜 꿈인지 알 수 없고 가까이 다가간 후에야, 아니면 일단 그 상황에 처해봐야 알 수 있는 경우들이 있다. 시도해보고, 냄새 맡고, 맛보고, 느껴보고, 그 후에야 우리는그 일이 정말 우리에게 맞는지 비로소 알게 될 것이다. 아메리카 원주민들의 속담이 이와 같은 상황을 잘 표현해준다. "내 가죽신을 신고 길을 걸어보지 않는 이상, 당신은 판단을 내릴 수 없다."

당신이 다시 마음껏 시도할 수 있도록 하기 위해 좋은연습방법을 가져왔다. 나의 세미나를 통해 이 방법이 특히 효과적이라는 사실이 입증됐다. 특히 다음과 같은 상황에 유용하다.

- 당신이 어디에 겁을 먹고 있는지 확인하고 싶을 때
- 우리의 앞을 가로막을 수 있는 걸림돌이 될 만한 것이 무엇인지 확인하고 싶을 때
- 모든 것들 중 정말 현실적인 것은 무엇인지 확인하고 싶을 때
- 그럼에도 불구하고 시작하기 위해서 무엇이 필요한지 알고 싶을 때(연습방법, 자원, 좋은 길잡이 등)

연습을 하다보면, 설령 최악의 상황에 처하게 되더라도, 우리가 여전히 서 있고, 숨을 쉬고, 계속 시도할 수 있으며, 타격을 받더라도 결국 회복하게 되리라는 사실이 자주 확인된다.

내가 무엇을 겁내고 있는지를 정확히 알게 되면 이것을 분리해서 들여다볼 수 있게 되고, 어쩌면 상황을 조금 더 완화할 수도 있게 된다.

많은 장애물들은 준비를 잘 하고 조금의 훈련을 거치면 잘 극복할 수 있다. 그리고 내가 생각해낸 가능한 시나리오들과 상상들 중에서 정말 현실화될 수 있는 것들이 무엇일지 곰곰이 생각해 보면, 마지막에는 나를 막아설 수 있는 것이 별로 남아 있지 않게 된다. 적어도 내 경험상으로는 그렇다. 우리는 자주 어떤 주제를 분석적으로 바라보지 않고, 문제를 극복할 수 있는 가능성보다 우리가 가진 두려움을 더 진지하게 받아들이기 때문이다. 여기서 한 걸음 더 나아가 이 이야기를 공감능력이 뛰어난 지인에게 하면, 그들은 우리에게 이렇게 말한다. "맞아, 완전 공감돼." 혹은 이렇게까지 이야기하는 경우도 볼 수 있다. "나도 그래, 나도 엄두를 못 낼 것 같아." 이렇게 되면 우리에게 두려운 그 일이 불가능하다는 생각은 더욱 더 견고하게 굳어지고 만다.

용기는 우리가 소파 위에 앉아 아무것도 하지 않아도 그냥 얻어지는 것이 아니다. 용기는 우리 내면에서 분명한 긍정의 외침을 필요로 하고, 첫 걸음을 내디뎌야만 얻을 수 있다. 무슨 일이든 일단 시작하고 첫 단계를 밟으면 동기부여가 되듯이, 우리가 우선 출발하고 처음 몇 번의 호흡을 내쉬면서 아직 넘어지지 않고 살아 있다는 사실을 자각할 때, 용기는 점점 더 늘어나게 된다. 용기도 기회가 필요한 것이다. 그리고 이 기회는 당신만이 줄 수 있다. 그러므로 당신이 상상하는 최악의 시나리오는 어떤 모습일지 한번 살펴보자. 그렇게 해야만 당신이 어떤 훈련과 준비가 필요한지, 어떤 상상은 비현실적이며, 어떤 위험요소들을 평가해보고 잘 살펴보아야 하는지 알게 될 테니 말이다. 마지막까지 남아 있는 시나리오가 얼마나 될지 그 결과에 대해 놀랄 준비를 해도 좋다. 어쩌면 당신이 우려했던 두려운 상상의 시나리오들은 모두 극복 가능하거나 처음부터 비현실적이었던 것인지도 모른다.

# 최악의 시나리오

당신은 다음과 같은 방식으로 이전 장에서 세웠던 당신의 목표인 한계 확장을 위한 '최악의 시나리오' 연습을 진행할 수 있다. '발표하기'를 예시로 들어 어떤 식으로 연습해야 할지 알려주겠다. 종이 한 장을 가져와 네 개의 행이 생기도록 칸을 나누고 시작해보자(132쪽 참조). 우선 각 행을 다음과 같이 이름 붙이자.

1. 최악의 시나리오
2. 나의 두려움
3. 해독제
4. 현실성 체크

그럼 이제 당신의 의심과 걱정, 당신이 두려워하는 대상을 다시 떠올려보고 아주 구체적으로 살펴보자. 마치 하나도 빠짐없이 모두 모아 그것들을 현미경 아래 놓고 검사하는 것처럼 말이다.

## 첫 번째 행: 최악의 시나리오

첫 번째 행은 당신의 관점에서 일이 잘못될 수 있는 모든 가능성으로 채워보자. 내가 예시로 든 발표의 경우는 이런 것이 될 수 있다. 나는 준비한 모든 것을 잊어버리고 머릿속이 완전히 새하얘진다!

발생할 수 있는 모든 심각한 시나리오들로 이 부분을 채우는 과정은 파트너와 해도 좋을 것이다. 여기서 관건은 '발표'의 상황을 떠올렸을 때 생각할 수 있는 모든 실수와 안 좋은 상황들을 빠짐없이 종이에 적는 것이다. 대부분의 경우 상대방이 이와 관련하여 새로운 자극을 주거나 비밀스럽고 창피한 생각들을 떠올리는 데에 도움을 줄 수 있다.

리스트를 모두 작성하였다면 ― 물론 언제든지 더 추가해도 좋다 ― 다음 단계로 넘어가자.

## 두 번째 행: 당신의 두려움

그 다음 행에는 최악의 시나리오가 일어났을 때, 당신이 두려움을 갖고 있는 대상이 무엇인지를 적는다. 창피한가? 부끄러운가? 모두가 당신을 비웃을 것이라고 생각하는가? 아니면, 당신이 실패할 경우 당신의 직업이 위태로워질까 두려운가? 사업 발표에서 모든 것을 잊어버리고 머릿속이 새하얘졌을 때, 구체적으로 무엇이, 어떤 상황이 일어날까 봐 두려운가?

여기에서도 충분히 시간을 가지고 내 안으로 깊이 파고들어 무엇이 우리로 하여금 그토록 큰 두려움과 공포심을 갖도록 하는 것인지 살펴보는 게 좋다. 당신이 그 실체를 투명하게 들여다볼 수 있도록 충분한 공간과 고요 속에서 모두 적어내려가 보자.

가끔씩은 적어 내려가는 과정에서 머릿속의 그 시나리

오에는 판타지가 섞여 있고, 현실보다 과장되어 있다는 사실을 깨닫고 두려움이 사라지는 경우도 있다. 아니면 완전히 실패한 발표 때문에 동료들로부터 비웃음을 사고, 조롱을 받고, 이로 인해 경쟁력과 명예에 금이 가는 상황에 대한 걱정처럼 없어지지 않고 그대로 남는 두려움도 있다.

혹시 학교에서 그런 경험이 있지 않나? 발표 중이나 시험을 볼 때 머릿속이 완전히 새하얘지고 모두가 당신을 비웃었던 그런 경험 말이다. 아니면 다른 사람에게 그런 일이 일어나는 것을 본 적만 있는가? 가끔은 그런 경험만으로도 대뇌변연계(뇌에서 감정을 관장하는 부분)에는 두려움과 공포의 감정이 저장되기도 한다. 그렇게 되면 나중에 '앞에 나가서 말하는 상황'에 처하게 됐을 때 두려움이나 불편감이 들게 되고, 그러한 상황을 되도록이면 피하고 싶어지는 것이다.

지금은 우선 당신의 목표를 이루는 데 발목을 잡는 것이 무엇인지 명확하게 깨닫고자 한다. 불편하더라도 당신이 가진 두려움에 대한 분석은 나중으로 일단 미뤄두자. 그 두려움이 힘을 못 쓰도록 하는 도구들은 앞으로 차차 제공할 것이다. 바로 다음 행을 채우는 과정에서는 당신의 걱정, 의심, 두려움에 맞는 해독제를 찾고 이름을 붙일 예정이기 때문에, 이번에는 좀더 나은 기분을 느낄 것이다.

## 세 번째 행: 해독제

세 번째 행은 첫 번째 행에 적힌 시나리오에 맞설 수 있는 좋은 준비과정 혹은 훈련으로 당신을 안내한다. 당신이 발표하는 도중에 모든 것을 잊지 않도록 하려면 어떻게 해야 할까?

'해독제'의 잠재성을 지닌 자원은 사람의 형태일 수도 있고, 아니면 그러한 상황에서 당신이 지금까지 발휘해본 적 없는 당신의 강점이나 능력일 수도 있다.

발표의 경우에는 다음과 같은 내용이 올 수 있다.

- 개념을 세세하게 나누어 그 개념을 쉽게 떠올릴 수 있는 키워드를 큐카드에 적어 가는 방식으로 발표 준비를 철저하게 한다. (이런 카드를 작성할 때는 중간에 떨어뜨리게 될

수도 있으므로 반드시 순서에 맞춰 쪽수를 표시하자. 내가 이미 겪은 일이다.) 이것은 만약 발표 중간에 기억이 나지 않으면 활용할 수 있다.

- 시험용으로 청중을 앞에 두고 발표를 해본 뒤 아직 빈 곳이 있거나 키워드가 빠지는 곳은 없는지 체크해본다. 이렇게 하면 발표를 한 번 연습하는 동시에, 이미 좋은 경험을 쌓은 것과 마찬가지가 될 수 있다.

- 비상시를 대비하여 발표 내용을 프린트하여 가져가도록 한다. 발표 당일 정말 아무것도 생각이 나지 않으면, 가져간 것을 읽는 것으로 대체할 수 있다.

- 내가 외우는 것을 잘했던 기억이 난다. 어쩌면 내 발표 중 몇몇 부분은 통째로 외워버려서, 만약 긴장됐을 때 제대로 된 단어나 연결어를 내뱉을 수 있도록 연습할 수도 있겠다.

- 비상시를 대비하여 가방 속에 빨간 실을 넣어두고 이를 활용하여 다음과 같은 멘트를 할 수도 있을 것이다. 그거 아세요? 어떨 땐 정말 열심히 준비하고 연습해도 맥락이 끊기는 경우가 있어요. 여기 제가 가져온 서류들 사이에

서 혹시 빨간 실을 다시 찾을 수 있는지 좀 살펴볼게요(독일어로 '빨간 실'이라는 관용적 표현은 전체를 관통하는 핵심 모티브, 중심 생각을 의미한다 ― 옮긴이). 이렇게 말함으로써 분위기를 여유 있게 만들고, 스스로에게 숨 돌릴 틈을 줄 수도 있다.

세 번째 행을 채워넣을 아이디어와 영감을 충분히 얻었길 바란다. 그럼 첫 번째 행에 적힌 당신의 모든 최악의 시나리오에 대한 대안을 꼼꼼하게 적어 세 번째 행을 채워보자. 마지막에는 준비, 훈련, 자원과 태도 또는 유머의 적절한 조합이 해당 행을 가득 채우게 될 것이다. 당신이 목표를 이루고 당신의 두려움을 쫓아내는 데에 도움이 될 모든 것들이 적히게 되는 것이다.

## 네 번째 행: 현실성 체크

네 번째 행은 두려움을 현실 및 개연성에 맞춰 조정하는 작업과 관련이 있다. 이제부터 차분하게 1, 2, 3번째 행

에 있는 것들을 읽고 모든 시나리오에 대한 현실성 체크를
해보자. 이를 위한 질문은 아래와 같다.

- 해당 시나리오는 어느 정도의 현실성을 갖는가?
- 해당 시나리오가 당신에게 실제로 불러일으키는 두려움
  은 어느 정도인가?
- 당신이 해독제를 사용했을 경우 해당 시나리오와 당신의
  두려움은 어느 정도의 현실성을 갖는가?

당신은 여기에서 다시 한 번 0(두렵지 않다 혹은 현실성
이 없다)부터 10(느낄 수 있는 최대의 두려움 혹은 어떤 경우에
도 현실화될 것이다)까지의 수치를 적절하게 활용할 수 있
다.

이쯤 되면 당신은 이 연습이 왜 용기 있는 삶으로 향하
는 열쇠 중 하나인지 분명하게 깨달았으리라고 생각한다.
'난 못 하겠어' 또는 '잘못될 수도 있잖아'와 같은 마음 상태
에서 매우 구체적인 준비계획과 훈련계획을 세움으로써 성
공적인 결말을 거둘 수 있게 하기 위함이다.

용기력 수업

더이상 '그때 잠깐 흥분했을 뿐이야' 혹은 '그것을 할 용기가 나지 않아'와 같은 일반화로 당신 자신이 목표로부터 멀어지게 만드는 것을 두고볼 수 없기 때문이다. 매우 구체적으로 마음의 장애물과 두려움을 살펴보고, 이에 대처할 수 있게 하기 위함이다. 지금까지 한 작업을 한 눈에 확인할 수 있도록 내가 들었던 예시를 표에 넣어 다음 페이지에 실어두었다. 당신이 직면해야 할 도전과제가 생겼을 때 이 도표를 참고로 연습훈련을 할 수 있을 것이다.

이러한 방식으로 한다면 적절한 준비와 연습 또는 단지 상세히 살펴보는 것만으로도 해결하거나 완화할 수 있는 걱정과 의심, 두려움들에 잘 대처하여 현실성을 체크할 때쯤에는 그것들이 더이상 위협적이지 않다는 느낌을 받게 될 것이다.

이 도구를 이용하면 당신의 모든 도전과제들을 자세히 관찰할 수 있게 되고, 그중 어떤 두려움들이 당신의 목표에 다가가는 데 정말 걸림돌이 되는지, 거기에 어떻게 대비하고 훈련하고, 적절한 자원을 활용해야 그 장애물을 극복할 수 있는지 깨닫게 될 것이다.

| | |
|---|---|
| **최악의 시나리오** | 내가 하려던 말들을 모두 잊어버린다. |
| **당신의 두려움** | 모두가 나를 비웃고 동료들은 나를 피하게 될까 두렵다. |
| **해독제** | ● 개념을 세세하게 나누어 그 개념을 쉽게 떠올릴 수 있는 키워드를 큐카드에 적어가는 방식으로 발표 준비를 철저하게 한다. (이런 카드를 작성할 때는 중간에 떨어뜨리게 될 수도 있으므로 반드시 순서에 맞춰 쪽수를 표시하자.) 만약 발표 중간에 기억이 나지 않으면 이것을 활용할 수 있다.<br><br>● 시험용으로 청중을 앞에 두고 발표를 해본 뒤 아직 빈 곳이 있거나 키워드가 빠지는 곳은 없는지 체크해 본다. 이렇게 하면 발표를 한 번 연습하는 동시에, 이미 좋은 경험을 쌓은 것과 마찬가지가 될 수 있다.<br><br>● 비상시를 대비하여 발표 내용을 프린트하여 가져가도록 한다. 발표 당일 정말 아무것도 생각이 나지 않으면, 가져간 것을 읽는 것으로 대체할 수 있다.<br><br>● 내가 외우는 것을 잘했던 기억이 난다. 어쩌면 내 발표 중 몇몇 부분은 통째로 외워버려서, 만약 긴장됐을 때 제대로 된 단어나 연결어를 내뱉을 수 있도록 연습할 수도 있겠다.<br><br>● 비상시를 대비하여 가방 속에 빨간 실을 넣어두고 이것을 꺼내어 질문을 던질 수도 있을 것이다. 그거 아세요? 어떨 땐 정말 열심히 준비하고 연습해도 맥락이 끊기는 경우가 있어요. 여기 제가 가져온 서류들 사이에서 혹시 빨간 실을 다시 찾을 수 있는지 좀 살펴볼게요. 이렇게 말함으로써 분위기를 여유 있게 만들고, 스스로에게 숨 돌릴 틈을 줄 수도 있다. |
| **현실성 체크** | ● 해당 시나리오는 어느 정도의 현실성을 갖는가?<br>● 해당 시나리오가 당신에게 실제로 불러일으키는 두려움은 어느 정도인가?<br>● 당신이 해독제를 사용했을 경우 해당 시나리오와 당신의 두려움은 어느 정도의 현실성을 갖는가? |

용기력 수업

그러므로 직장을 바꾸고 새로운 자리에 지원하고 싶다면 더이상 — 당신으로부터, 그리고 다른 사람들로부터 — 당신이 너무 나이가 많아서, 당신의 아이들이 너무 어려서, 혹은 취업시장 상황이 좋지 않아서 새로운 일을 찾을 수 없다고 얘기하도록 두지 말자. 그리고 최악의 시나리오를 적어본 뒤 거기에 상응하는 장애물, 두려움, 결과와 당신이 이를 극복하는 데 활용할 수 있는 당신의 가능성과 자원을 분석하며 앞의 단계를 차근차근 따라가보자.

그렇게 한다면 나는 당신이 새로운 자리에 지원할 것이라고 거의 확신한다. 정말 잘 갖춰진 서류와 연습을 거쳐 잘 준비된 자기소개와 함께라면 말이다. 당신은 이제 잃을 것도 두려워할 것도 없다는 사실을 깨달았고, 결국은 용감한 사람들이 세상을 차지한다는 사실을 알았기 때문이다. 그들은 확실치 않은 일을 용기를 내서 시도한 사람들이다.

그래도 아직 시작하기에 준비가 안 된 것 같다고? 그렇다면 잠시 이렇게 생각해보자. 당신에게 남아 있는 두려움과 걱정들을 똑바로 들여다보라. 만약 내가 가정한 최악의 상황이 실제로 일어난다면, 그걸 극복할 수 있을까? 그것을 딛고 일어나기 위해 나는 어느 정도의 시간이 필요할까? 그렇게 되면 난 누구한테 전화를 걸고 위로를 받고 싶을까? 그 상황이 일어난다면 나를 도와줄 수 있는 것, 나에게 좋은 것은 무엇일까?

그럴 의향이 있다면, 다섯 번째 행을 만들어서 '조커'라고 이름 붙이고, 여기에는 최악의 시나리오가 실제로 — 잘 준비하고, 훈련했음에도 불구하고 — 펼쳐졌을 때 당신에게 도움이 될 만한 모든 것들을 적자.

이 생각을 함으로써 당신은 실수문화와 자기주도에 한 발짝 더 다가가는 것이다. 불편한 경험이나 '실수'를 할 수도 있다. 하지만 무슨 일이 있어도 당신은 결국 그것을 극복해내리라는 점을 이해한다면, 자신의 가치를 더이상 성공과 연결 짓거나 성공에 의존하도록 만들지 않고 시도한 것만으로도 스스로에게 충분한 보상을 해준다면, 그렇다면 이제는 출발하고 시도해볼 수 있지 않을까?

내가 2017년 여름, 그때까지만 하더라도 내 인생에서 가장 큰 발표였던, 쾰른 E—Werk에서 열리는 행사를 위해 연설을 준비하고 있을 때였다. 발표에 대한 공포가 다시 나를 덮쳤고, 심지어 내가 다른 발표를 하는 중에 공포감이 찾아오기도 했다. 남편은 그것이 나를 얼마나 불안하게 만들고, 회의감에 빠뜨리는지, 내가 그날 저녁에 있을 발표에 대해 얼마나 큰 두려움을 갖고 있는지 공감하고 있었다.

내가 무대 위에 오르기 전, 남편은 내 귀에 대고 다음과 같이 속삭였다. "당신이 발표를 어떻게 하든 간에, 난 당신이 너무 자랑스러워. 그냥 이렇게 생각해, 오늘 당신이 하게 될 발표는 당신에게 수많은 고객들과 강연기회를 가져다줄 대박 발표가 되거나, 절대 그럴 리 없겠지만, 설령 잘 되지 않는다 하더라도 어차피 당신 전체 인생에서 18분밖에 되지 않는 시간일 뿐이야. 그 이상도 이하도 아니라고!"

이렇게 생각하니 긴장이 풀려서 무대 위에서 날아다닐 수 있었다. 그날 저녁 나의 최악의 시나리오는 내 인생에서 18분밖에 되지 않는 시간을 버티는 것이었고, 그쯤이야 무슨 일이 있어도 이겨낼 수 있었다! 그리고 다른 사람들이 내 발표를 어떻게 생각하든, 한 명의 팬은 확보된 상태였으니까.

## 무대공포증, 흥분, 두려움

## 그리고 재미를 망치는 다른 것들

나는 코칭을 할 때 두려움과 걱정이라는 주제를 오래 다루기보다 우리가 발을 뗄 수 있게 만들어주는 것들, 우리를 강하게 만들어주는 것들에 더 주목하려고 노력한다. 그럼에도 당신이 무대공포증, 흥분, 두려움, 그리고 재미를 망치는 다른 것들에 대처하는 법을 익히려면, 최악의 시나리오를 대비해서 연습했던 것처럼 어쩔 수 없이 다시 한 번 두려움이라는 주제를 다뤄야 한다.

내가 스스로에게 종종 던지는 질문은, 우리는 도대체 왜 이렇게 많은 두려움과 걱정, 의심을 안고 살아가는가 하는 것이다. 세상에는 물론 두려움을 안고 살 수밖에 없는 처지에 놓인 사람들도 많다. 전쟁, 폭력, 빈곤은 사람이 자신과 다른 사람들의 안위에 대해 두려워하고 걱정을 할 수밖에 없도록 만들고, 이때는 심지어 생존의 위협을 느끼게 된다. 하지만 내가 살고 있는 세상의 상황은 전혀 다르다. 나는 독일에서 나고 자랐다. 나의 아버지는 마지막 직장이었던 포드(Ford)사에서 20년간 일하며 우리 가족을 훌륭하게 먹여 살리셨다. 모든 것이 충족된 생활이었다. 우리의 집이 있고, 휴가를 떠나기도 했고, 주기적으로 새 옷을 샀으며, 중요한 날이면 선물도 받았다. 풍족한 중산층이라고 할 수 있는 삶이었다. 신체적인 폭력이나 결핍은 경험하지 않았다. 하지만 나 역시도 살면서 당연히 나를 동요시키는 말을 들은 적이 있고, 나를 불안하게 만드는 일을 겪은 적이 있다. 나는 학창시절에 학교 친구들에게 뚱뚱하고 머리는 너무 곱슬곱슬하다는 소리를 들은 적이 있다. 몇몇 선생님들에게는 내가 잘 하지 못하는 일, 다른 학생들에 비해서 못하는 것들에 대해 말하는 것을 들어야 했던 적도 있다. 할머니에게는 이웃들이 나에 대해 흉을 보지 않게 하려면 내가 옷을 어떻게 입어야 하고 행동을 어떻게 해야 하는지에 대해 들어야 했다. 성당의 주임 신부님에게는 내가 여자이기 때문에 사제를 도와 미사를 진행하는 복사(服事)를 절대 맡을 수 없다는 이야기를 들었다.

나는 그렇게, 있는 그대로의 나는 옳지 못하다는 사실을 차차 배우게 되었다. 여자로서 모든 것을 할 수 없다는 사실, 다른 사람들이 나에 대해 어떻게 생각하는지가 정말 중요하다는 사실, 어쩌면 내가 내 스스로에 대해서 하는 생각이나 나 자신에 대해 알고 있는 것보다 더 중요할 수도 있다는 사실을 알게 된 것이다.

나의 언니는 나보다 18개월 먼저 태어났다. 비슷한 양육과정을 겪었을 테지만, 언니는 분명 나와는 다른 말들을 듣고 다른 경험을 하며 자랐을 것이다. 우리 둘은 직업적인 면에서나 개인적인 면에서나 굉장히 다르게 성장했다. 그리고 우리 둘은 시간이 흐르면서 우리가 경험하고, 듣고, 체험한 것에 따라 각자 자신만의 두려움과 걱정 패키지를 갖게 되었다.

언니는 커리어와 관련된 주제에 있어서는 나처럼 자신감이 넘치지 않았다. 그에 반해 나는 모험, 미끄럼틀, 자전거 타기, 점프, 다른 사람들 앞에서 빵 먹기 등과 같은 일에서 겁이 많았다. 언니는 다른 사람들이 자기에 대해 어떻게 생각하든 별로 신경 쓰지 않았다. 반면, 나는 너무 창피해서 화장지를 사지 못한 적도 있었다. 장담하건대, 우리 남편은 이 부분을 읽으며 웃고 있을 것이다. 그는 연애 초창기 때 내가 하던 이상한 걱정들에 대해 잘 알고 있기 때문이다.

우리의 두려움과 걱정, 세계관은 우리의 양육과정과 사회화 과정, 그리고 우리가 경험하고 체험하는 것에 기반을 두고 있다. 우리가 가진 사회적인 두려움과 불안, 걱정은 우리의 능력, 정체성, 소속감과 깊은 관련이 있다.

다른 사람들이 나에 대해 어떻게 생각할까? 다른 사람들이 더이상 나를 좋아하지 않거나 사랑하지 않으면 어떡하지?

우리가 살고 있는 페이스북과 인스타그램의 시대에서는 '좋아요' 수가 얼마나 많은지, 적어도 내가 스스로를 비교하고 있는 대상보다는 더 많은 '좋아요'를 얻었는지를 중요하게 여긴다.

내가 실패하면 어떡하지? 내가 무언가를 할 수 없다는 사실을 누군가가 알아차리면 어떡하지? 내가 해내지 못하면 어떡하지?

우리는 실패, 타인의 눈에 띄거나 타인 앞에 서는 것, 혹은 어느 누구의 눈에도 띄지 않는 것을 두려워한다. 스스로 충분히 똑똑한지, 독서를 많이 했는지, 몸은 충분히 말랐는지, 충분히 근육질인지 자문한다. 그리고 우리의 삶에 '실제적인' 위협이 가해지는 것이 아님에도 점점 더 많은 걱정과 두려움, 의심을 품게 된다. 그리고 결국에는 수많은 가능성이 펼쳐진 세상에 살고 있음에도 세상이 매우 좁다는 느낌을 받게 된다.

일단 이와 같은 부정적인 사고에 빠져 걱정과 의심, 두려움을 키우게 되면 여기서 빠져나오는 것은 정말 어렵다. 내가 볼 때 여기서 빠져나올 수 있는 유일한 방법은 다음의 것들을 천천히 시작해보는 것뿐이다 — 가끔씩 새로운 것에 도전해보기, 입 밖으로 '아니요'라는 말을 꺼내보기, 스스로의 의견을 말하기, 스스로의 몸이 완벽한 형태가 아니어도 만족하기 — 무언가를 시작하기 전에 두려움이 줄어들 때까지 기다리면 아무것도 되지 않는다.

용감해진다는 건 두려움이 없는 상태가 되는 것이 아니라, 두렵지만 그럼에도 불구하고 무언가를 할 수 있다는 뜻이다. 가끔씩은 두려운 마음에 친절하게 인사를 건네고, 그 마음을 안아주고, 이 과정에서 두려움이 줄어들지는 않는지 살펴보는 것이 중요하다. 간혹 두려움에 대한 두려움이 드는 경우도 있기 때문이다. 예전에 발표에 대한 두려움을 느꼈던 경험이 있기 때문에 나 또한 잘 알고 있다. 나는 그 익숙한 두려움이 또 슬며시 고개를 들까 봐 두려운 마음에 미리 얼어버리곤 했다. 그렇게 되면 두려운 감정이 점점 더 불어나기 시작해서 나중에는 거기에 압도당해 정말 아무것도 못하는 상태가 되어버린다.

게당켄탕켄(GEDANKENtanken. 2012년에 설립된 쾰른의 스타트업으로, 여러 연설자들이 각각 20분간 연설하는 형태의 행사를 주최한다 — 옮긴이)의 설립자이자 대표인 슈테판 프레드리히 박사(Dr. Stefan Frädrich)는 두려움에서 벗어나는 방법에 대한 좋은 아이디어를 갖고 있다. 나는 그를 한 행사장에서 만날 수 있었고 그의 용기근육 훈련 방법과 그가 일상에서 맞닥뜨리는 도전, 그리고 잠재적인 두려움에 대해 몇 가지 질문을 할 수 있었다.

**최근에 어떤 용감한 행동을 했나요? 아니면 혹시 이제 더이상 도전의식을 필요로 하거나, 당신이 두려워하는 대상이 별로 없나요?**

제가 두려움이 없다는 말은 맞지 않습니다. 그것은 사실이 아닙니다. 저는 그저 시간에 따라 많은 두려움을 덜어낼 수 있도록 훈련했다고 생각합니다. 그러한 과정은 보통 학창시절부터 시작되죠. 무대 위에 설 용기가 있는가? 예를 들면 연극무대에 설 용기가 있는가? 역할을 맡을 자신이 있는가? 대사를 못 외우면 어떡하지? 그리고 이때의 경험은 붉은 실처럼 내 인생을 따라다니죠. 제 생각에, 스스로가 일단 할 수 있다는 깨달음을 얻게 되면, 그 일과 관련한 것에서는 그 다음 단계를 추구하게 되는 것 같아요. 하지만 많은 사람들이 이 과정을 해내지 못합니다. 발전단계로 진입하는 걸 어려워 하죠. 지금은 제가 이렇게 말할 수 있죠, 와, 쾰른 아레나에서 연설

용기력 수업

자의 밤이 열린다고, 굉장한걸! 하지만 그런 제게 다른 사람들은 미쳤냐고 할 걸요? 사전에 그런 행사를 수차례 성공적으로 해내지 않고서야 어떤 사람도 그렇게 넓은 곳에서 발표를 제대로 할 수는 없을 테니까요.

제 생각에, 인생에서 겪은 모든 상황들은 각자에게 작은 도전인 것 같아요. 그리고 그 도전에 응하는 사람들이 용감해지는 거죠.

**당신이 도전의식을 느끼는 것들에는 무엇이 있나요?**

매일 다양한 것들이 있죠. 예를 들면 저는 어제 여기 행사장에 녹초가 되어 도착했는데, 제가 해야 될 발표가 한 개가 아니라 두 개이고 하루 종일 사회를 봐야 한다는 사실을 알았어요.

그런 상황이 되면 스스로에게 묻죠. 이제 어떡하지? 울면서 시간을 보낼래, 아니면 눈 딱 감고 그냥 할래? 그러고 그냥 하는 거죠. 이건 제 분야고 원래 하던 일이기 때문에 사실 그렇게 어려운 일도 아니거든요. 우리는 이런 일을 일상에서 수도 없이 겪게 됩니다. 많은 사람들은 반사적으로 마음의 문을 닫고, 나 안 할래, 라는 반응을 보이죠. 아니면 압도당한다는 느낌을 받기도 해요. 하지만 저는 그런 상황에서 재미를 느낍니다. 하나의 놀이처럼 받아들이는 겁니다. 내가 해낼 수 있는지 한번 보자, 이런 마음으로요.

**그 말은, 당신이 좋은 실수문화를 갖고 있고, 당신이 하는 일에 실패할 수도 있다는 마음의 준비가 되어 있다는 뜻인가요?**

어우, 정말 많은 것들이 잘못 되기도 하죠. 하지만 그런 일들은 점점 줄어듭니다. 그리고 그 경험들로부터 배우는 거죠.

**말씀하시는 걸 들으니, 항상 새로운 것을 시도하는 것을 인생의 모토로 삼고 있으신 것 같아요. 용감해지는 것이 그럴 만한 가치가 있었는지에 대해서는 물어볼 필요도 없겠네요.**

제가 가진 믿음의 핵심이 바로 그겁니다. 새로운 영역이 궁금할 때, 그 새로운 영역에 도전한다고 해서 그 경험으로 당신이 망가지지는 않는다는 겁니다.

그럼 도대체 뭐가 겁이 나는 걸까요? 두려움에 대한 우리의 신체 프로그램은 매우 기초적입니다. 까마득한 옛날에 우리 조상들은 검치호랑이(현재는 멸종된 고양이과의 육식동물로, 구부러진 칼 모양의 거대한 송곳니를 갖고 있었다 — 옮긴이)에게 잡아먹힐까 봐, 이웃 부족에게 돌도끼로 머리를 얻어맞을까 봐 두려워했습니다. 하지만 그런 일은 오늘날에는 일어나지 않죠. 우리는 실제로는 살짝 넘어졌을 뿐인데도 우리의 머리는 아직 예전의 그 프로그램을 돌리고 있습니다. 대부분의 경우 이것이 문제가 되는 거예요.

예를 들자면, 당신은 거절당하는 것에 두려움을 느끼지만, 동시에 예쁜 여성에게 말을 걸고 싶어 합니다. 그럼 만약 거절당한다면 정말 심각한 일이 일어날까요? 그렇지 않습니다! 말하자면 우리가 스스로 우리의 두려움을 만들어내는 겁니다. 순 엉터리인 거죠. 그런 일을 반복하지 않으려면 훈련하는 수밖에 없습니다.


**겁이 정말 많으면서 그러한 훈련의 효과를 아직 발견하지**

**못한 사람들에게 어떤 말을 해주고 싶으세요?**

작은 발걸음부터 시작하는 연습을 하라고 말해주고 싶습니다. 한발씩, 차근차근 말이죠. 저는 음식점 주인이 음식이 맛있냐고 물어봤을 때, 용기 내어 맛없다고 말하기도 합니다. 상사에게 "제 생각은 다릅니다" 라고 말하기도 하죠. 그리고 배우자에게 "자기야, 나 이번에는 좀 다른 걸 해보고 싶어. 그리고 이것과 저것은 동의할 수 없어" 라고 말하기도 합니다. 작은 것부터 연습하고, 그런다고 죽지 않는다는 사실을 항상 스스로 상기시키는 거죠.

**용기라는 테마와 관련하여 좋아하는 인용구가 있으신가요?**

저는 수년째 커트 마티(Kurt Marti, 1921~2017. 스위스 출신의 신학자 — 옮긴이)가 했던 말을 즐겨 인용합니다. "우리는 어디에서 왔을까, 모든 이가 우리는 어디에서 왔을까, 이렇게 물을 때 어느 누구도 우리가 떠난다면 어디에 도달하게 될지 보러 가지 않았다."

용기력 수업

**슈테판 씨, 당신의 매일 용기근육 훈련에 경의를 표합니다. 그리고 갑작스럽게 추가적인 발표와 사회까지 맡게 되었음에도 불구하고 제 질문에 답해주셔서 감사합니다.**

나는 슈테판이 한 말에 전적으로 동의한다. 바로 이렇게 하는 것이다. 그와 동시에, 나는 나의 경험을 통해 간혹 두려움이 너무 압도적인 것처럼 느껴져 이성의 끈을 놓지 않기 위해서는 도움과 지원이 필요하다는 사실을 잘 알고 있다. 그 뒤에야 다음 단계로 나아갈 수 있을 것이다. 혹시 최악의 시나리오 연습단계에서 이미 해결되지 않고 계속해서 끈질기게 당신의 앞길을 방해하는 두려움이나 걱정에 부딪치지는 않았는가?

지금부터는 두려움, 의심, 걱정 및 기타 흥을 깨는 것들에 대항할 수 있는 작은 비상 처치 방법에 대해 이야기하고자 한다. 부디 이 방법을 통해 당신이 용기근육 훈련을 시작하여 당신 스스로에 대한 통제권을 회복할 수 있을 만큼 강해지기를 바란다.

치과, 어지러움, 높이, 좁은 공간, 비행, 또는 발표에 대한 공포는 윙웨이브(Wingwave) 코칭 방법을 통해 다스릴 수 있다. 그러한 공포감은 우리의 변연계, 즉 뇌의 감정을 담당하는 부분과 관련이 있기 때문이다. 대부분의 경우는 그곳에 큰 스트레스를 유발하는, 작은 트라우마와 같은 경험이 저장되어 있다. 우리의 뇌는 이러한 상황을 처리할 수 없고, 따라서 정보로 '정리'하는 것이 불가능해진다. 이로써 그 감정은 변연계에 저장되고, 종종 굉장히 단순한 계기를 통해서도 소환이 되곤 한다. 변연계는 우리의 신체와 직접적인 방식으로 대화하기 때문에, 즉 신피질(대뇌피질의 한 부위로 운동과 체지각, 고도의 정신작용, 학습 등을 담당한다 ― 옮긴이)을 통하지 않아 이성적인 판단이 이뤄지지 않으므로, 우리로서는 논리를 이용하여 두려움, 그리고 이와 관련한 상황들을 해결하거나 고민할 기회가 없는 셈이다. 이것은 거미 공포증과 같이, 적어도 독일과 같은 위도상의 국가에서는 이성적으로 이해하기 힘든 공포감이 존재하는 이유를 설명해주기도 한다. 다른 조건의 국가에서는 간혹 이성적으로 충분히 설명되는 공포감일 수도 있다.

　나는 수년간 심각한 발표 공포증 때문에 괴로웠다. 발

표 스케줄이 잡히면 몇 주간 잠을 설쳤고, 생각만으로도 배가 아파왔고, 발표 직전이나 발표 중에는 나의 스트레스 레벨이 최고치까지 올라가곤 했다. 목소리는 떨렸고, 심장은 빠르게 뛰었고, 등과 얼굴에는 땀이 흘렀다. 게다가 솟구치는 아드레날린 때문에 해야 할 말이 자주 생각나지 않았다. 그 이후에는 내면의 비판가가 나타나 내가 빼먹고 하지 않은 말이나 제대로 못한 것들을 깨닫게 해주면서 마무리된다. 가끔씩은 이 어마어마한 두려움이 아니었다면 몇 년은 더 일찍 코치 또는 연설자가 되겠다는 마음을 먹었을 것이란 생각을 한다. 나는 늘 내 안에 무대에 대한 애정을 느꼈다. 하지만 내가 가진 이 두려움이 어디에서 오는 것인지 확인할 수는 없었다. 강연이나 발표 또는 연단에서 하는 어떤 행사도 실제로 좋지 않게 끝난 적이 없었기 때문이다. 적어도 내가 아는 바로는 그랬다. 수년간, 나는 그 부분에 있어서는 어떤 것도 바꿀 수 없다고 생각했다. 그럼에도 어떤 이유에서건 피할 수 없는 경우에는 발표를 맡았다. 하지만 이 결정은 재미와 성장, 진정으로 내 인생에서 주도권을 쥐는 것과는 거리가 멀었다.

그래서 나는 두려움이 너무 클 때는 용기근육 훈련을 시작하기 전에 어쨌거나 첫 발을 내딛도록 해주는 도움이 꼭 필요하다는 사실을 잘 알고 있다. 나도 내가 가진 두려움에 대한 정확한 코칭이 이뤄진 후에야 내 첫 발표를 할 수 있었고, 그제야 가쁜 숨을 내쉬지 않으며 말하는 것이 어떤 느낌인지 알 수 있었다. 너무 흥분돼서 기절할 것 같은 두려움 없이 사람들 앞에 서는 느낌도 그때 알았다. 손이 너무 떨려서 중간에 마이크를 떨어뜨릴까 봐 걱정하지 않고 마이크를 쥘 수 있었다. 당신도 그때의 나만큼이나 큰 공포감에 억눌려 있다면 그러한 코칭을 받아볼 것을 권한다. 그것이 당신의 인생을 바꿔놓을 수 있다.

공포감이나 두려움이 그렇게 크지 않거나, 먼저 셀프코칭을 통해 얼마나 바뀔 수 있는지 실험해보고 싶은 이들은 여기 작은 지침서가 있으니 참고하길 바란다.

# 양측의 자극을 통한 셀프코칭

이 셀프코칭은 미국의 심리학자 프랜신 샤피로(Francine Shapiro)가 개발한 EMDR 방법*을 기반으로 하고 있다. EMDR에서는 눈이나 귀 또는 어깨나 다리를 오른쪽 왼쪽 번갈아 두드리는 방식으로 양측에 자극을 가함으로써 뇌의 반구를 동기화시킨다고 여긴다.

셀프코칭에서는 무대공포증과 스트레스, 그리고 불편한 감정을 다루는 데에 이 방법과 지식이 도움이 될 수 있으며, 이는 당신이 용기근육 훈련을 위해 잘 활용할 수 있

---

● EMDR: Eye Movement Desensitization and Reprocessing의 약자로, 안구운동을 통한 둔감화 재처리법이라고 번역할 수 있다. 트라우마 치료에 적용되는 방법이다.

는 부분이다. 한번 연습해보고 당신에게 도움이 되는지 지켜보도록 하자.

이를 위해 적어도 30분 정도 방해받지 않을 수 있는 조용한 공간을 찾자. 그럼 지금부터 발표에 대한 두려움을 예시로 셀프코칭 방법에 대해 설명하겠다. 많은 사람들이 다른 사람들 앞에 서서 말을 해야 하는 상황을 상상하는 것만으로도 맥박이 빨라진다고 하기 때문이다. 물론 당신은 당신을 괴롭히는 대상을 찾아 그 주제에 맞게 연습하면 된다.

눈을 감고 100명의 사람들 앞에서 발표를 하는 상황을 그려보자. 당신은 사람들 앞으로 나아가고, 무대 위에 자리를 잡고, 사람들은 당신을 기대에 찬 눈빛으로 바라보고 있다. 그 다음에 당신이 말을 꺼내려 한다. 이때 당신 내면에서 그림을, 갖가지 색상으로 찍은 영상을 당신에게 맞도록 구성해보자. 무엇이 보이는가? 무엇이 들리는가? 그리고 어떤 느낌인가? 당신의 스트레스 레벨이 최고 단계에 올라 있다면, 당신의 신체 어느 부위에서 그것이 가장 강하게 느껴지는지 구체적으로 느껴보자.

이 방법으로 반복해서 연습을 하면, 그 기분을 1점에서

용기력 수업

10점 사이의 수치로 나타내볼 수 있을 것이다. 여기에서 1은 매우 적은 스트레스를, 10은 느낄 수 있는 제일 큰 스트레스를 의미한다. 나중에는 이 수치를 통해 기분이 어떻게 바뀌었는지 확인할 수 있게 된다.

당신의 신체에서 느껴지는 것들에 잠시 주의를 기울인 뒤 당신의 상체 오른쪽과 왼쪽을 번갈아 두드리는 방식으로 양쪽에 자극을 시작해보자. 이때 손바닥을 펴고, 일정한 속도로, 서두르지 않으면서도 분명하고 재빠르게 두드리자.

당신의 긴장이 완화되었다는 기분을 분명히 느낄 때까지 이 행동을 지속한다. 여기서 중요한 것은 효과가 없다고 생각하거나 너무 오래 걸린다고 생각하여 중간에 멈추지 말고, 분명하게 괜찮아지는 기분이 들 때까지 계속 하는 것이다. 우리의 예시에서 괜찮아지는 기분이란 긴장이 풀리고, 감정을 수치로 매겼을 때 전보다 적은 수치가 나오는 것을 의미한다. 물론 1점, 심지어 0점까지 나올 수 있다면, 그러니까 아주 중립적인 상태가 된다면 그게 가장 이상적이다.

그럼 이제 당신이 컨디션을 잘 유지하고 생각을 정리할 수 있도록 잠시 휴식을 취하고 자리에서 일어나 몸을 조금 움직이고 물을 한 컵 마시도록 하자. 계속해서 당신의 두려움을 없애기 위한 훈련을 이어나갈 수 있겠다는 기분이 들면 여기 적혀 있는 과정을 반복하도록 하자. 대부분의 경우 다른 부분에서 다시 한 번 해결할 수 있는 스트레스가 발견되곤 한다. 앞의 예시에서는 다음과 같은 상황이 있을 수 있다.

- 맥락을 놓치고 잠시 생각을 정리해야 한다.
- 누군가가 질문을 한다.
- 누군가가 발표 중간에 끼어들어 당신의 발언이나 지식에 대해 이의를 제기한다.
- 당신이 발표하는 동안 누군가가 자신의 핸드폰을 보거나 강연장을 떠난다.

박수를 받으며 발표를 마치는 성공적인 마무리가 상상될 때까지 이 모든 단계들을 차분히 밟아나가자. 따지고보면 이렇게 함으로써 발표 준비부터 발표 이후의 피드백까지 거쳐야 할 모든 과정에서의 긴장과 스트레스를 차례로 떨쳐버릴 수 있다.

만약 더 나아지지 않고 긴장감이 오히려 증가한다면 앞의 과정을 한 번 더 반복해보자. 어쩌면 자극이 주어졌던 시간이 당신의 스트레스를 처리할 만큼 충분히 길지 않았을지도 모른다.

그래도 만약 '전보다 심해졌다'고 생각되는 상태가 지속된다면 전문 코치의 도움을 받기를 권한다. 나는 지금까지 셀프코칭이 더 큰 스트레스를 받는 상황으로 이어지는 경우는 보지 못했다. 그러나 셀프코칭도 한계를 지니는 경우를 봐왔기 때문에, 그렇게 되면 외부의 도움이 필요하게 된다. 그 순간이 오기 전까지 셀프코칭은 당신이 원하는 길을 자기주도적으로 갈 수 있게 해주는 훌륭한 방법이다.

두드리는 방법 대신 상황에 맞는 음악을 셀프코칭에 활용할 수도 있다.

# 당신은 슈퍼스타!

여기 내가 개인적으로 제일 좋아하는 부분을 소개한다. 무대 위에 오르기 전, 정말 슈퍼스타와 같은 기분을 느끼기 위해 나는 다음의 루틴을 습관화했다.

먼저 60초 동안 일명 '승리자의 포즈'라고 불리는 자세를 취한다. 다양하게 변화를 줄 수도 있는데, 그중 가장 많이 취하는 자세를 한번 보여주도록 하겠다.

양 다리를 벌리고 서서 양 손은 골반을 짚거나 원하면 승리자처럼 위로 향하게 할 수도 있다. 자신이 더 강하다는 느낌을 받는 자세를 선택하면 된다. 꼭 거울이 필요하지는 않지만 쓰고 싶다면 써도 좋다. 당신에게 맞는 대로, 당신

의 기분이 가장 좋아질 수 있는 방법으로 하면 된다.

다른 사람들 앞에 나설 일이 없더라도 그냥 한번 일어나서 따라해보자. 이 자세가 사람들을 더 용감하고 자신감 있게 만들어준다는 연구결과가 있다. 중요한 건 자세를 1분간 유지해야 한다는 것이다. 잘 웃지 못하는 사람들이 거울을 보며 미소 짓는 연습을 할 때와 마찬가지이다. 여기서 신체는 현재의 기분과 맞지 않는 상황에 처하게 된다. 하지만 그 상황에 충분히 오래 지속되면 그에 해당하는 호르몬과 전달물질들이 분비되고 신체의 움직임에 맞게 분위기와 상황이 바뀌게 된다.

승리자의 포즈를 1분간 유지하면 나타나는 결과는? 당

신은 승리자가 된다! 엄청 멋지다! 이건 언제든지 할 수 있다. 비상시에는 아무도 당신을 볼 수 없는 화장실에서 해도 된다.

여기에 더해 나의 가장 강렬한 정서적 상태인 감사와 행복의 느낌에 고정*해둔 동작이 하나 있다. 그리고 나의 주문을 외운다. **난 꼭 해야 할 말이 있어!**

이것들은 합쳐져서 부스터와 같은 효과를 낸다. 나는 이를 통해 나 자신을 매번 최적의 상태에 놓이도록 만들 수 있다. 이는 많은 강연을 하는 사람으로서 매우 중요한 요소이다. 많은 청중들을 앞에 두고 있을 때면 코치이자 연사인 토비아스 벡(Tobias Beck)의 말에 공감하기 때문이다. "에너지가 큰 사람이 이기는 법이다!" 그러므로 많은 청중들을 열광시키고 감동을 주려면 컨디션이 좋은 상태여야 한다.

---

● 　고정은 NLP에서 사용되는 전문 용어이다. 코칭에서 사용되는 이 개념에 대해 간단히 설명하자면, 이 기술은 자극(예: 어떤 상황)과 반응(예: 어떤 감정을 느끼고 싶은지) 사이의 연결을 만드는 데 사용될 수 있다. 고정시키는 데 필요한 닻은 어떤 동작(예: 오른손으로 왼쪽 엄지손가락을 잠기)이 될 수 있다. 다음에 해당 상황이 발생하면 닻에 해당하는 동작을 통해 원하는 반응을 이끌어낼 수 있다. 그래서 좋은 코치는, 예를 들어 당신이 불안정한 상황에 놓여 있어도 안정적인 기분이 들도록 닻을 내려줄 수 있다.

내 방법을 활용해도 좋고, 아니면 스스로 지금까지 읽은 내용을 바탕으로 당신 스스로의 방법을 만들어보자. 중요한 것은 당신도 슈퍼스타가 된 기분을 느끼는 것이다. 사실은 당신도 슈퍼스타인데, 어쩌면 당신이 모르고 있는 것뿐일지도 모른다. 늦어도 이 책을 다 읽었을 때쯤이면 당신도 당신 인생에서 슈퍼스타라는 사실을 깨닫게 될 것이다. 당신이 아니면 누구겠는가!

# 부끄러움과 취약성에 대하여

　미국의 베스트셀러 작가인 브렌 브라운(Brené Brown)은 부끄러움과 취약성, 그리고 진정한 관계를 가능하게 만드는 것들에 대한 연구를 많이 했다. 이 주제에 대한 그녀의 책과 강연들은 내용적으로만 훌륭한 것이 아니다. 그녀가 연구결과와 그로 인해 얻은 지식을 발표하는 방식, 그 과정에서 인간적인 자신의 모습을 드러낸다는 것이 매우 감동적이다. 이를 보고 있으면 마음이 풍요로워질 뿐 아니라 용기를 얻게 된다. 내 머리카락이 빠지기 직전, 내가 아직 일에 열성적으로 매달리고 있을 때 나는 내가 한 실수 몇 가지를 직시해야 했고 그 과정에서 끔찍한 기분을 느꼈다. 시간이 어느 정도 흐르고 나서야 비로소 나는 이때의 끔찍한 기분이 부끄러움이라는 사실을 깨닫게 되었다! 나는 내가 어떤 서류를 실수로 잘못 보았다는 사실이 수치스러웠다. 나는 큰 당혹감을 느꼈고 나의 명성과 역량, 내가 그때까지 얻으려고 노력했던 모든 것이 내 실수 한 가지로 인해 물거품이 될까 봐 두려웠다. 그래서 나는 오랜 시간 동안 이 실수를 은폐하기 위해, 미화시키기 위해, 누군가의 눈에 띄지 않게 하기 위해 긴 노력을 했다.

그로부터 시간이 좀 지나고 난 뒤에 나는 브렌 브라운의 강연과 책들을 접했고 그 내용에 대해 연구했다. 그래서 내가 과거에 느꼈던 그 감정이 어떤 것인지 깨닫게 되었다. 부끄러움은 어둠 속에 있을 때, 고립된 상태에 있을 때 오래가는 법이다. 부끄러움을 떨쳐내는 가장 좋은 방법은 그것을 드러내고, 그럼에도 불구하고 우리가 받아들여지고 사랑받을 수 있다는 사실을 깨닫는 것이다. 하지만 부끄러움은 우리 안에서 정반대의 것들을 불러일으키곤 한다. 우리는 우리가 한 일이나, 우리가 당한 부끄러운 일들을 숨기고 싶어 한다. 우리만의 큰 비밀을 만들고 아무도 알아채지 않기를 바란다. 이렇게 되면 부끄러움이라는 감정에 먹이를 줘서 더 키우는 꼴이 된다. 부끄러움은 결국 분리에 대한 두려움, 어딘가에 소속되지 못하거나 더이상 사랑을 받지 못하는 상황에 대한 두려움이다. 인간은 사회적인 존재이기 때문에 항상 누군가와 연결이 되어 있고 관계를 맺고 싶어 한다. 우리는 그렇게 하도록 설계되어 있다. 사회적인 연결고리가 없고 공감이나 애정을 받지 못하면 아기들은 죽는다. 어딘가에 소속되어 사회적인 관계를 맺으며 살아가는 것이 인간에게는 매우 중요한 조건이다. 이것이 부끄러움이라는 감정이 개인에게 그토록 크게 느껴지는 이유이다.

그 당시의 나도 그랬다. 나는 내 실수가 밝혀지는 게 두렵고 또 부끄러워서 숨기려고만 들었고, 부끄러움이 커지도록, 부끄러움이라는 감정의 힘이 세지도록 만드는 결과를 낳았다. 마지막에 가서는 내가 그 실수를 '견뎌내지' 못하리라는 생각까지 들 정도였다.

이처럼 많은 경우에 두려움 뒤에는 부끄러움이라는 감정이 숨어 있다. 그러므로 그 감정이 우리 안에 무엇을 불러일으키는지 제대로 이해하는 것은 온전한 나를 향한 노

용기력 수업

력이기도 하다. 나는 이것이 자신을 위한 삶의 길을 가기 전에 우선시되어야 할 가장 큰 과제라고 믿는다.

감정적인 것을 포함한 모든 차원에서 내가 이 사실을 깨닫고 난 뒤부터는 부끄러운 일들, 수치스러운 일들에 더욱 열린 자세로 대하게 되었다. 그 결과가 어땠냐고? 나는 그 결과로 자유롭고 기쁜 마음을 얻었다. 사람들과 분리되는 대신, 오히려 연결되고 이해를 얻었다. 우리가 어떤 사실에 대해 먼저 열린 자세를 취하고 우리를 드러내면, 대부분의 다른 사람들도 역시 용기를 내어 그들의 그늘, 그들의 실수 혹은 잘못을 보여준다. 그렇게 되면 아주 멋진 일이 일어난다. 부끄러움이 줄어들거나 사라지면서 우리는 인정을 받고, 소속감을 느끼며 심지어 치유를 받기도 하는 것이다.

나는 그때 어느 순간부터 직장에서 저지른 실수에 대해 이야기하기 시작했다. 먼저 매우 소심하게 남편과 이야기했고, 그 다음에는 몇몇 친구들에게, 나중에는 동료들에게, 결국에는 (당신이 보는 바와 같이) 그냥 모두에게 말해버렸다.

그러므로 실수나 실패, 그리고 부끄러움과 수치심 같은 감정에 열린 마음으로 대하는 법을 깨닫는다면 이러한 것들이 삶에서 필요악이 아니라 사실은 사람들과의 진정한 연결고리를 가능하게 만들고 진짜 삶을 만드는 요소라는 것을 알게 될 것이다.

그렇게 되면 새로운 것을 시도하고 원하는 길을 가고자 하는 당신을 막아설 수 있는 것은 없어지게 되고, 이제 진정한 자유로 가는 길에 들어서게 된다.

그리고 〈크로커다일 던디(Crocodile Dundee)〉*를 보면 그게 어떤 식으로 간단하게 적용 가능한지 확인할 수 있다.

---

● 크로커다일 던디는 배우 폴 호건이 출연한 1980년대 영화이다.

# '크로스커다일 던디' 방법

크로커다일 던디는 자신의 친구에게 왜 모두가 심리치료사의 도움을 받느냐고 묻는다. 그는 그것이 왜 필요한지, 어떻게 도움이 되는지 이해하지 못한다. 그의 친구는 대답한다. 너는 고민이 생기면 어떻게 하는데?

거기에 크로커다일 던디는 이렇게 답한다.

"나는 마을에 있는 바에 가서 바텐더에게 내 고민을 이야기해. 그럼 두 가지 일이 일어나지. 첫 번째, 바텐더가 내 고민을 모두에게 얘기해버려서 그 사실은 이제 비밀이 아닌 게 돼버려. 그럼 이제 나는 누가 내 고민을 알아챌까 걱정할 필요가 없는 거지. 누구나 아는 사실이 돼버렸으니까.

두 번째, 모두가 내 고민에 대해 알고 말을 걸어. 그러면 나는 모두와 내 고민에 대해 얘기하게 돼. 그 과정에서 나는 자주 새로운 아이디어를 얻거나 내가 가진 문제의 해결책을 찾기도 하지. 그래서 나는 심리치료사가 필요 없는 거야."

이 방법은 물론 첫 단계에서 우리가 가진 문제를 드러내야 한다는 점에서 용기를 필요로 한다. 그게 첫 단계이고, 그 단계를 넘어야만 다음 단계로 갈 수 있다. 사람들이 우리의 문제나 비밀에 대해 알게 됐을 때 그들이 우리에 대해 어떻게 생각할지, 이 부분에 대해 두려워할 필요 없이 우리의 문제에 더 열린 태도로 대하는 것이 좋은 연습이 된다.

첫 단계에서 자신의 이야기를 털어놓는 대상이 꼭 바텐더일 필요는 없다. 당신이 잘 알고 믿을 수 있는 사람부터 시작해서, 차츰차츰 당신이 실수를 하더라도, 넘어지거나 진짜 헛짓을 하더라도 있는 그대로의 당신으로서 괜찮다는 사실을 배우면 된다.

그리고 여기, 당신과 당신의 더 나은 실수문화를 위한 좋은 용기근육 훈련용 자극이 있다.

- 당신이 정말 창피했던 순간이 있었나? 긴 대화를 나눠본 적 있는 사람에게 이때의 일에 대하여 이야기해보자.

- 마감일이 빠듯한가? 당사자에게 전화를 걸어 연기해달라고 부탁해보자.

- 친구들과 저녁에 모임을 갖고, 모두에게 그들이 가진 실패에 대한 최고의 이야기를 나눠보도록 권유해보자.

- 즉흥적인 연극을 시작해보고, 여기서 즉흥적인 상황에서 적용할 수 있는 규칙을 직접 배워보자. 명랑하게 실수하자!

- 양말을 짝짝이로 신고, 회사에 가보자.

- 이미 매우 용감한 사람이라면 의식적으로 실수를 해보고 (예를 들면 계획단계나 발표에서) 무슨 일이 일어나는지 지켜보자.

# 완벽은 개뿔!

나는 매우 친절하게, 하지만 단호하게 완벽이라는 주제에 대해 몇 마디 남기고 싶다. 우리는 이따금씩 완벽하지 않기 때문에 무언가를 시작하지 않는다. 우리는 우리가 멋지다고 생각하는 사람들에게 우리가 충분히 잘 생기거나 예쁘지 않아서, 충분히 날씬하지 않아서, 하필 오늘 머리가 엉망이라서 말을 걸지 않는다. 자영업자들의 경우 그들의 웹사이트를 공개하는 데 몇 개월이 걸리기도 하고, 심지어 일 년이 걸리기도 한다. 그들은 계속해서 아직 완벽하지 않은 부분들, 수정이 더 필요한 부분들을 찾아내고 그것을 고친 다음에야 세상에 내놓는다. 우리는 모든 것이 완벽한 순간, '우리에게' 충분히 좋은 순간을 기다리다가 그제야 눈에 띄기 위해 노력하거나, 직장을 포기하거나, 누군가에게 드디어 말을 걸거나, 이직을 하거나, 승진을 요구한다.

나는 수년 전 완벽주의로부터 멀어졌다. 내가 하려는 일에 도움이 되지 않고 오히려 발목을 잡고, 나를 지원해주지 않고 불안하게 만들고, 항상 나에게 충분히 좋지 않다는 느낌을 주었기 때문이다. 이쯤 되면 서로 거리를 두고 멀어지는 게 좋다고 판단했다. 지금의 나는 완벽을 기준으로 삼지 않고, '좋아, 충분해!'로 대신하고 있다는 사실에 매우 만족한다.

어떤 계획이나 텍스트가 충분히 좋다면, 나는 그 이후의 과정에서 충분히 배우고 나아질 준비가 돼 있는 사람이므로 이것이 고객이나 출판사에 전달되어도 괜찮다. 지금의 나는 기쁜 마음으로 내가 했던 첫 세미나와 코칭, 내가 아직 서투를 때의 나를 볼 수 있다. 그걸 보면 지난 몇 년간 내가 상담사로서 코치로서 얼마나 성장했고, 과거에 비해 지금의 세미나에는 좋은 내용을 얼마나 잘 담고 있는지, 그 내용을 얼마나 좋은 태도로 전달하는지, 코칭을 받는 사람들이 어떻게 성장하고 변화하는지, 내가 그들이 무언가를 시작할 수 있도록 어떻게 영감을 주는지를 확인할 수 있다.

나는 완벽이 일종의 환상이라고 생각한다. 완벽은 항상 주관적이고 어떤 관점에서 보느냐에 따라 달라진다. 완벽은 덧없고 손에 잡히지 않는다. 나는 완벽한 상태를 한 번도 본 적이 없다. 소위 완벽주의 신봉자들도 조용히 고백하기를, 그들조차도 완벽의 경지에 도달한 적이 없고, 그저 완벽하지 않은데도 불구하고 고통스럽게 작업을 중간에 포기했다고 말할 뿐이다.

이왕 시작했으니 사람들을 혼란스럽게 하는 이 완벽이란 게 얼마나 최악인지 마저 이야기하겠다.

친애하는 여성분들에게. 우리는 세상으로부터 가능한 한 완벽해지라는 메시지를 은연중에 계속 주입받는다. 가능한 한 아름다워야 한다, 날씬해야 한다, 운동으로 몸을 가꿔야 한다, 머릿결에는 항상 윤기가 흘러야 한다, 화장은 완벽하게 해야 한다, 걸음걸이는 우아해야 한다, 미소는 친절과 유혹 그 사이의 어디쯤이어야 한다…….

친애하는 남성분들에게. 사람들은 아주 당연하다는 듯이 남성은 강하다는 말을 해왔다. 고통을 모르는 보호자로,

전쟁에서는 영웅답게 쓰러지고, 사회에서는 직장을 다니고, 커리어를 쌓고, 집에 돈을 벌어 와야 하는 사람들이라고 말했다.

나는 그 어느 것도 사실이 아니라고 말하고 싶다. 완벽은 개뿔! 친애하는 남성분들과 여성분들에게, 나는 삶의 의미는 최대치의 행복을 실현하고, 사랑하고, 웃고, 땀 흘리고, 춤추고, 울고, 고통을 직시하고 치유하고, 기쁨을 나누고, 의미를 깨닫고, 그리고 용감하게 이 세상에서 당신이 하고자 하는 바를 하는 것이라고 생각한다.

그러기 위해서는 완벽하거나 완벽한 모습이어야 하는 게 아니다. 그저 당신 자신의 모습이면 충분하다. 거기에 용기를 더해라! 추구하는 바를 실현할 수 있도록.

그러니 이제 더이상 완벽에 발목 잡히지 말고, 충분히 잘 하는 것에 초점을 맞추도록 하자. 그리고 자신이 계속해서 성장하도록, 더 나아지도록 놓아주자. 이건 우리끼리 이야기인데, 많은 경우에 '충분히 좋은 상태'만으로도 진짜 좋고, 말 그대로 충분하다.

# 당신의 인생에서
# 가장 중요한 사람은
# 당신이다!

용기근육 훈련은 자기애의 실현이다. 우리는 자신에게 중요하고 가치 있는 것을 위할 때에만 우리 자신을, 우리의 욕구를 위해 행동하기 때문이다. 자신에 대한 평가절하와 증오, 압박을 통해서는 변화와 성장이 일어날 수 없다. 변화와 성장은 스스로와 자신이 가고자 하는 길에 공감해주고, 이를 사랑스럽고 중요하게 바라볼 때에만 가능하다.

하지만 이러한 평가절하와 거절이 내면 깊숙한 곳에 자리 잡고 있으면 새로운 관점을 얻기까지 인내와 연습이 필요하다.

이번 장을 통해 그러한 연습이 가능하다. 당신 자신에게 새로이 사랑에 빠져보자. 당신이야말로 당신의 인생에서 가장 중요한 사람이고, 자신에게 가장 좋은 친구이자 길잡이가 되어줄 수 있기 때문이다.

# 자신을 받아들이고 사랑하는 것만큼

# 어려운 게 없다!

　이제 용기 있는 삶 — 넘어지는 것도 포함하여 — 에 대한 욕구가 어느 정도 생겼기를 바란다. 어쩌면 벌써 훈련을 시작했는지도 모르겠다. 그렇다면 아주 기쁠 것 같다. 작은 시도들을 꾸준히 계속하다 보면 결과적으로 큰 도약이 가능해진다는 것을 잊지 말자. 중요한 것은 일단 시작하고 유지하는 것이다. 나머지는 따라오게 되어 있고, 알아서 발전하게 될 것이다.

　이번 장에서는 용기근육 훈련에서 중요한 또 하나의 단계에 대해 설명하려고 한다. 당신의 내면에서는 체험한 것과 배운 것을 바라보는 방식이 어떻게 자리잡혀 있는가? 당신은 스스로와 자신의 발전을 애정 어린 시선으로 바라보고, 이 과정을 통해 다음 단계로 살 수 있는 기쁨과 감동을 얻는가? 아니면 내면의 비판가가 당신에 대해 뭐든지 말할 수 있고, 당신을 깎아내리거나 심지어 욕을 하고 그다지 애정이 없는 방식으로 당신을 다루어도 괜찮은가?

아직도 많은 사람들이 여전히 매우 엄격하고, 규율과 압박을 통해서만 앞으로 나아갈 수 있다고 믿는다. 나는 그와 정반대라고 생각한다. 많은 연구결과도 이를 뒷받침한다. 우리가 잘못을 저지른 후에 우리 자신을 존중해가며 내면의 대화를 할 경우, 스스로를 엄격하게 대할 때보다 계속해서 도전할 가능성이 높아진다. 안타깝게도 우리 중 대부분의 사람들은 매우 다른 내용을 배웠거나, 다른 근거에 기반하여 행동한다.

나의 아버지는 성과와 규율을 매우 중요시하는 분이셨다. 아버지는 "우리를 죽게 하지 못한 것은 우리를 더 강하게 만들 뿐이다"라는 말을 즐겨 하셨다. 그는 이 말을 진심으로 믿었고, 나는 그것을 이해할 수 있다. 그에게 '강하게'라는 말은 생존하는 것, 해내는 것, 상처받지 않고 인생이 우리 앞에 낸 숙제보다 더 강인해지는 것이었다. 그는 전쟁 중에 청소년기를 보내며 나와는 완전히 다른 경험들을 했으며, 극심한 궁핍의 시대를 겪었다. 그리고 첫째 아이의 죽음을 경험하면서 아버지는 마음을 열거나 스스로를 애정 어린 태도로 대하는 법과 더 멀어지게 되었다. 그의 일상과 삶의 규율은 그에게 체계와 안정감을 주었다. 그는 산책, 수영, 이른 시간의 기상, 오랜 시간 동안의 사우나 등을 통해 끊임없이 스스로를 시험에 들게 했다. 게으름과 나태, 자신에 대한 통제권을 잃는 것에 대항하여 거둔 결과였다. 아버지의 내면에는 그를 제대로 자극했던 혹독한 비판가가 자리 잡고 있었던 것 같다.

그리고 그 중 일부는 나의 '신념 체계'로 넘어왔다. 예전의 나 역시 무엇이든 견뎌내고, 절대 포기하면 안 되고, 약점을 보여서도 안 되며 항상 강한 모습만 보여야 한다는 생각에 끌려다녔다. 이후에 찾아온 탈모와 모두에게 있는 그대로의 내 모습을 보이는 것은 분명 내가 직면해야 했던 가장 큰 인생의 도전이었다. 이는 공개적으로 '내 몸 어딘가가 좋지 않습니다, 나는 아픕니다'라고 선언하는 것을 의미

했다. 내 삶에 대해서도, 나 자신에 대해서도 통제권을 잃었다는 사실을 인정하는 것이었다. 이는 나에게 매우 어려운 동시에 유익한 과정이었다.

그 당시의 나는 아직 이 모든 것들을 분석적으로 판단할 수 없었다. 나 자신에 대한 애정 어린 시선이 내 실수 문화와 어떤 관련이 있는지. 왜 항상 나 자신의 아이디어와 생각, 욕구보다 다른 사람들의 의견을 우선시했던 건지. 왜 나 자신을 다른 누군가와 비교하고, 다른 이들이 나보다 더 낫고, 더 빠르고, 더 예쁘고, 더 성공적이라고 생각했던 건지. 그리고 도대체 왜 내가 한 가지 분야에서는 그렇게 겁 없이 굴 수 있으면서도 화장지를 산다거나 공공장소에서 커리 부어스트를 먹는 일에 대해서는 부끄러움과 수치심이 들었던 건지. 다른 사람들도 비슷한 생각을 하고, 비슷한 질문을 스스로에게 던진다는 사실을 알고 있기 때문에 지금부터 이를 설명해보려고 한다. 커리 부어스트와 화장지를 구매하는 것을 당신이 부끄럽다고 느끼거나 어려워 하는 무언가와 바꾸면 이해가 쉬울 것이다.

나는 이렇게 요약하고 싶다. 우리가 신뢰를 갖고, 우리

용기력 수업

자신을 믿고, 넘어지는 것을 허용하고 다시 일어날 때, 우리의 취약성을 다른 사람들도 볼 수 있도록 드러낼 때야 비로소 우리는 사랑과 믿음 속에 있게 된다. 그렇게 되면 우리는 스스로를 사랑하고, 우리의 가치를 인정하고, 우리 자신과 우리의 삶에 믿음을 갖게 된다. 존재한다는 이유만으로 가치 있고 훌륭한 사람들이라는 사실, 사랑받고 인정받을 자격이 있는 사람이라는 사실을 믿게 된다. 그러나 스스로를 부끄러워하고, 가치를 깎아내리고, 걱정과 의심을 키우면서 스스로를 믿지 않고, 스스로 늘 부족하다고 느끼며 다른 이들이 더 예쁘고, 똑똑하고, 성공적이라고 여긴다면, 그때 우리는 두려움 속에 놓이게 되는 것이다. 그렇게 되면 우리는 우리가 충분치 않다고 생각하게 되고, 사랑받고, 성공하고, 행복할 자격이 없다고 생각하게 된다.

우리는 언제나 사랑과 두려움, 이 양 극단 사이를 움직이며 살아간다. 모든 사람들은 발전과 성숙의 정도, 그리고 인생 경험에 따라 어느 한 쪽에 더 가까이 가게 된다.

나는 이것을 어느 순간 더 깊은 차원에서 이해하게 되었다. 내가 나를 사랑하는 법을 배우고, 스스로를 있는 그대로 받아들일 수 있다면 그때부터는 다른 사람들이 나에 대해 어떻게 생각하든 별로 중요하지 않다. 그들의 인정과 애정에 더 의상 의존하지 않게 된다. 그렇다고 해서 내가 더이상 소속을 필요로 하지 않거나 우정, 관계, 사랑을 경험하고 싶지 않다는 게 아니다. 단지 누군가가 내게 만약 "난 네 태도가 옳지 않다고 생각해!"라고 말한다고 해도 나의 세상이 무너지지 않는다는 걸 의미한다. 이는 또한 내 남편이 단지 나의 요구사항을 거절했다고 해서 이를 더이상 나를 사랑하지 않는다는 뜻으로 받아들이지 않는다는 걸 의미한다. 지금은 남편이 나의 요구를 거절한다고 해도, 나는 그것을 나에 대한 거절로 받아들이지 않는다. 내가 배운 사실은 남편의 거절은 대부분 남편이 스스로에 대한 긍정, 즉 남편이 자신의 요구를 따른 결과라는 사실이다. 그러니까 나 때문에 무언가를 거절하는 것이 아니라는 말이다. 이렇게 생각하면 정말 홀가분하다.

내가 나를 사랑하고, 긍정하고, 나 자신이 옳다고 생각하면, 다른 사람들이 간혹 나보고 멍청하다고, 뚱뚱하다고, 또는 불친절하다고 생각한다 해도 충분히 잘 살아갈 수 있

용기력 수업

다. 내가 스스로를 괜찮다고 생각하면 나 또한 다른 사람들을 그 사람들이 가진 개성과 특색과 함께 받아들일 수 있고, 긍정적으로 생각할 수 있게 된다. 그렇다고 해서 내가 모든 사람들과 잘 지낼 수 있다거나 그들을 모두 친구로서 내 인생에 포함시키고 싶다고 말하는 것은 아니다. 모든 사람들에게 그들의 공간을 허용하고, 그 사람의 가치를 깎아내리지 않은 채 받아들일 수 있다는 뜻이다.

내가 나 자신을 귀하게 여긴다면 무언가를 시도할 수 있고, 때로는 넘어져가며 배울 기회를 주게 된다. 스스로가 다시 일어나리라는 사실을 믿고, 만약 혼자 해내지 못한다면 도움을 요청하고 받아들일 거란 사실을 알고 있으니까.

나 자신이 정말 멋진 인생을 살 자격이 있다는 사실을 믿게 되면, 이번 생에서 가능한 한 가장 성공하고 행복해질 것을 스스로 허용하게 된다. 그럼 나의 목표를 향해 나아갈 수 있고, 나에게 맞는 무언가를 세상에 내놓을 수 있게 된다. 내가 원하는 만큼 성장하고, 다채로워지고, 큰 목소리를 낼 수 있게 된다.

당신이 내게 그걸 어떻게 해냈냐고 묻는다면, 나의 대

답은 이렇다. 아직 해내지 못했다. 나 또한 당신과 마찬가지로 그 길을 가는 중이다. 하지만 그 먼 길의 일부는 이미 지나왔다. 그리고 나는 내가 원하는 방향으로 매일 조금씩 걸어나가고 있다.

나에게 용기근육 훈련은 그곳으로 가기 위한 수단이다. 나는 매일 나 자신이 되기 위해 조금씩 더 많은 용기를 낸다. 나는 진심을 다해 살기 위해 노력하고, 나에게 속하는 모든 것을 통해 나 자신을 보여주고자 한다. 나는 그 과정에서 자유와 행복을 맛보고 있고, 이는 매우 참된 즐거움이다. 당신도 혹시 벌써 그 맛을 아는가? 아니면 그 향기를 맡았나? 아니면 느낄 수 있나? 만약 아니라면 지금 바로 작은 연습을 같이 해보자.

잠시 눈을 감고 깊이 숨을 들이마시고 내쉬자. 몸에서 긴장이나 이완이 느껴지는 부분을 가만히 들여다보자. 그리고 의식적으로 그곳에 숨을 보내고, 그곳이 조금 더 부드러워질 수 있도록 해보자. 어깨를 내리고 숨을 더 깊게 쉬고, 몸이 부드럽고 가벼워질 수 있도록 해보자.

잠시 동안 자신이 있는 그대로 딱 알맞다는 생각을 해

용기력 수업

보자. 아무것도 하지 않아도 좋고, 변화시킬 것도, 무언가를 최적화할 필요도 없다. 당신은 있는 그대로 딱 좋다. 그리고 잠시 동안 당신에게 중요한 것이 무엇인지 생각해보자. 당신은 자신에게 중요한 것이 무엇인지와 가야 할 길을 알고 있으며 이를 실행할 수 있다고 믿어보자. 앞으로 당신이 필요한 것을 필요한 만큼, 도움이 되는 만큼 배울 수 있게 될 거라고 믿어보자. 다시 한 번 깊게 숨을 쉬고 그 느낌이 어떤지 살펴보자. 느낄 수 있는가? 당신이 지금 그대로 매우 훌륭하다는 것을. 자신에 대한 애정이 느껴지는가? 더 크게, 더 밝게, 더 강하게 계속할 수 있겠는가?

이 기분이 정말 충만하고, 당신의 모든 세포 하나하나에서 느껴질 때, 다음의 질문을 스스로에게 던져보자.

- 나는 무엇을 하고 싶은가?
- 내가 용기를 내어 할 수 있는 것들에는 무엇이 있는가?
- 무엇을 시도하고, 경험하고, 체험하고 싶은가?
- 어떤 단계를 밟고 싶은가?

내적으로 이 모든 질문에 대한 답을 얻었다면 다시 한 번 숨을 크게 들이마시고 내쉰 뒤 천천히 눈을 뜨고 이에 대한 메모를 남기자.

지금 떠올려 본 바와 같이 당신이 모든 것이 준비되어 있고 충분히 잘 해낼 수 있다면 어떤 목표가 달성 가능하겠다는 확신을 갖게 되었는가? '나중에', '언젠가', 또는 '이걸 하기 전에는 _____를 해야 한다/배워야 한다/없애야 한다'라는 조건을 달아두었던 목표들이 메모 위에 적혀 있는 것을 발견하였는가?

우리 자신에 대한 애정 어린 시선을 가지면 닫혀 있던 많은 문들이 열리는 느낌을 받는다. 가끔씩 하게 되는 실수, 곧바로 완벽한 결과를 내지 못하는 경우도 그렇게 큰일처럼 다가오지 않는다. 우리 자신, 우리의 능력과 신체와 외모에 대한 의심과 다른 사람들이 무슨 생각을 할지에 대한 걱정 또한 줄어들게 된다. 이로써 자기주도적인 삶의 방향으로 한 걸음 더 나아가게 되는 것이다.

만약 당신이 있는 그대로 괜찮다는 것을 느끼는 데에 어려움을 겪고 갈 길이 멀어 보인다면, 이 연습을 더 자주 반복할 것을 권한다. 그리고 만약 당신의 자존감이 너무 낮아서 당신이 얼마나 멋진 사람인지 아직도 느끼지 못한다면 전문가의 도움을 받아서 함께 그 주제에 대해 이야기하고 상황을 개선시켜보자.

이쯤에서 나는 당신에게 도움이 될 만한 관념적인 우회로를 제공하고자 한다. 지금 당장 내 안에서 스스로를 사랑하는 마음이 느껴지지 않더라도, 그 마음이 거기에 있다고 가정해보자. 그것이 어떤 기분일 거라고 생각하는가? 어느 부분에서 내가 괜찮다는 느낌을 받을 수 있을까? 그건 정확히 어떤 기분일까? 넓은 부분에서 느껴지는가? 그 기분은 멀리 있는가? 따뜻한가? 편안한가?

이 과정을 통해 당신은 스스로의 인식을 통해 주제에 접근하지 않고 그것이 어떤 것일지 상상과 판타지를 통해 떠올리게 된다. 이는 당신의 신체와 시냅스(synapse. 신경세포 간 신호가 전달되는 접합부 — 옮긴이)에 자기 자신 대한 다른 관점을 제공하는 좋은 연습이 된다. 충분히 자주 훈련하고 연습하면 당신의 내면에 새로운 노선이 생기게 되어 언젠가는 정말 느끼게 될 수 있을 것이다. 비록 인내심과 훈련이 필요한 작업이지만, 당신은 해낼 수 있다!

나는 몸무게와의 싸움을 벌인 결과 나 자신에 대한 회
의감을 얻고 스스로를 평가절하하게 되었다. 그리고 물론
이러한 회의감이나 내가 스스로의 가치를 깎아내리는 마음
이 하루아침에 사라지기를, 그러면서 몸무게도 같이 줄기
를 자주 바랐다.

안타깝지만 그런 일은 오늘날까지 일어나지 않았다. 하
지만 내가 인지하게 된 것은, '정상적이지 않은 범주'에 놓
인 자신을 인정하면 그만큼 내가 스트레스를 덜 받게 된다
는 사실이다. 내가 그 부분에서 스트레스를 덜 받는 만큼
나는 잘못된 이유에서 잘못된 음식을 먹게 되는 일이 줄어
들게 된다. 그리고 그만큼, 어차피 내가 스스로를 받아들임
으로 인해 더이상 문제가 되지 않는 문제도 작아지게 된다.
어떤가, 머리에서 연기가 날 지경인가? 특히 너무 오랜 시
간 동안 '살을 빼면 자신을 예쁘다고 생각하게 되고, 예쁘다
고 생각하게 되면 드디어 나도 나 자신을 받아들이고 사랑
할 수 있어'라고 생각해왔다면, 이 생각을 바꾸는 것 자체가
도전처럼 느껴질 수도 있다. 이러한 경우, 기존의 생각이

마치 6차선 고속도로처럼 뻗어 있어서 그 궤도로부터 벗어나 다른 길로 달리는 것 자체가 어렵다. 그리고 바로 이러한 순간을 위해 용기근육 훈련이 필요하다. 아직 두려움과 걱정이 너무 많고 스스로에 대한 의심을 떨치지 못해서 자기 자신을 있는 그대로 온전히 받아들이기 어렵더라도, 이를 넘어서서 새로운 것을 경험하기 위해 첫 발을 내디딜 수 있는 용기가 있다면 기존의 낡은 사고방식은 더이상 우리의 앞길을 가로막지 못하게 될 것이다.

앞서 이야기한 것처럼, 나는 2017년 여름에 연설자로 처음 무대에 서게 되었다. 나는 쾰른 E—Werk 게당켄탕켄(GEDANKENtanken) 연설자의 밤에서 100명의 청중을 앞에 두고 무대에 오를 기회를 얻은 것이다. 믿기지가 않았다! 한 마디로 미쳤었다!

먼저 엄청난 기쁨이 온몸을 휩쓸고 간 뒤 각성의 시간이 찾아왔다. 나는 그 당시 내 인생 최고 몸무게를 찍고 있었다. 이제 어떡하지? 짧게 이야기하자면, 빠르게 살을 빼는 방법은 실패했다. 몸무게에 대한 스트레스와 발표 준비에 대한 걱정이 나를 지배하고 말았고 결과적으로 나는 2,

3 킬로그램이 더 찌고 말았다.

뭐라고 말하면 좋을까? 물론 몸무게가 어떻든 간에 상관없이 나는 발표를 했다. 나는 스스로에게 다시 한 번 물었다. 탄야, 너는 이걸 왜 해? 나는 사람들이 내가 날씬하다는 생각을 하길 원해서 무대 위에 서는 게 아니었다. 나는 사람들의 마음을 움직이고 싶었다. 나는 용기라는 것이 중요한 자질이고, 언제든지 배우고 훈련할 수 있으며, 용기가 우리를 자유롭게 만들어준다는 기쁜 메시지를 사람들에게 전달하고 싶었다. 우리가 스스로를 믿는다면 정말 많은 것들이 가능해진다는 사실을 말하고 싶었다. 그리고 좋은 예시를 보여주고 사람들의 길을 터주기 위해 나의 이야기를 해주고 싶었다.

내 몸무게가 적었다면 메시지가 더 잘 전달됐을까? 아마도 아니겠지. 살을 좀 더 뺐다면 맞는 옷을 찾기 위해 옷장 앞에서 서성이던 시간을 줄일 수 있었을까? 이건 맞겠지. 언젠가는 내 몸무게가 다시 줄어들까? 어쩌면 그럴지도. 그래도 나 스스로를 있는 그대로 사랑해주고 받아들일 건가? 물론이다. 왜냐하면 어차피 상황은 그대로이기 때문

용기력 수업

이다. 내가 기쁜 마음으로 사실을 받아들일 수 있든, 여기에 저항하는 마음을 갖든, 그 자체가 현재의 상태를 바꾸는 건 아니다.

'리더의 용기' 단락에서 인터뷰를 통해 소개한 적 있던 나의 동료 코치 데니스 샤른베버는 매우 중요한 핵심을 정확하게 짚어준다: 어쩔 수 없지, 뭘 어떡하겠어!

우리가 그 일에 대해 평가하는 순간, 그 일은 문제가 된다. 하지만 만약 있는 그대로를 받아들인다면 그저 어떤 상태에 불과할 뿐이다. 이 상태에서 바꾸고 싶은 부분이 있다면 이 부분을 출발점으로 삼으면 되는 것이다. 그러나 어떤 상태가 곧 자동적으로 문제시되는 것은 아니다. 그 상태는 그저 그 상태일 뿐이니까. 어떤 일에 대해 짜증이 나려고 할 때 이러한 관점의 변화가 어떻게 여유를 가져다주고 많은 것들의 의미를 제한시켜주는지 시험해봐도 좋다. 당신이 부정적인 평가와 문제시하는 관점에서 벗어나는 순간, 어떤 상태를 있는 그대로 받아들인다는 게 사실 그렇게 어렵지는 않다는 사실을 깨닫게 될 것이다.

내가 전하고자 하는 메시지는 충분히 전달한 것 같다.

발전과 성장, 자신의 컴포트 존이 가진 한계를 뛰어넘는 도약과 같은 것들은 당신이 스스로의 좋은 친구이자 길잡이가 될 때에만 비로소 가능해진다. 여기 당신이 시도해볼 수 있는 것들을 모아보았다. 이 중에 어떤 것들이 개인적으로 도움이 되는지, 스스로에 대한 공감과 사랑, 소중하게 여기는 마음을 불러일으켜 궁극적으로 당신의 성장에 도움을 주는지 한번 살펴보고 영감을 얻길 바란다.

# 자애명상

이 명상의 아이디어는 불교의 가르침에 기반하고 있으며 '자애'라고도 불린다. 나는 담당 한의사로부터 이 개념에 대해 알게 되었다.

하지만 나는 이 개념을 나에게 가장 잘 맞는 방식으로 약간 변형하였다. 그렇기 때문에 어떤 이들은 다른 형태의 자애명상에 대해 알고 있을 수도 있고, 인터넷에서 검색을 하더라도 굉장히 다양한 버전의 명상법을 찾게 될 것이다. 나는 이 책을 통해 나의 방식을 공유하고자 한다. 나는 수년간 나 자신을 더 잘 받아들이고 나 자신에 대한 애정을 더 많이 느낄 수 있는 방식으로 명상법을 연구해왔다.

우선 방해받지 않을 수 있는 시간과 공간을 찾도록 하

자. 눈을 감고 당신의 호흡에 주의를 기울이는데, 우선은 기존에 호흡방식을 이어간다. 몸의 긴장을 늦추고 좀더 차분해질 수 있도록 조금 더 깊게 천천히 숨을 쉬어도 좋다.

그럼 이제 내면의 눈앞에 당신이 조건 없이 받아들이고 사랑할 수 있는 사람을 떠올리자. 나의 경우는 막 태어난 나의 조카를 상상하거나 남편 페터를 떠올리곤 했다. 나에게는 두 사람 모두 비슷한 효과가 있었다. 당신에게 가장 잘 맞는 사람은 누가 있는지 한번 잘 살펴보도록 하자.

애완동물과 깊은 애착관계에 있는 사람들이라면 물론 자신의 고양이나 강아지, 말을 떠올려도 좋을 것이다.

어떤 때는 어린 아이들, 아니면 자식들이 아직 아기일 때를 떠올리는 것이 가장 쉽다. 작은 아기를 조건 없이 받아들이고 사랑하는 것은 그렇게 어려운 일이 아닐 때가 많기 때문이다.

누군가를 떠올리고 난 뒤에는 온 몸의 세포를 통해 그 사랑과 조건 없는 수용을 느끼도록 해보자. 느끼고 호흡하고, 느끼고 호흡하고, 느끼고 호흡한다.

어쩌면 당신의 입가에 아주 자연스럽게 미소가 떠오르

용기력 수업

거나 가슴 쪽에 특별히 따뜻한 온기가 퍼져나가고 있는 중일지도 모르겠다. 몸이 따뜻해지고 있거나 눈가에 눈물이 고일지도 모른다. 어떤 현상이 일어나든 모두가 옳고 좋다. 계속해서 느끼고 호흡하자. 이 단계에서 자신에게 적당하다고 생각되는 만큼 머문다. 계속할 수 있다고 느껴지면 그 기분을 유지한 채로 내면의 그림을 바꿔본다.

계속해서 사랑과 수용을 느끼는 상태로 이번에는 자기 자신을 바라보도록 해본다. 만약 이것이 바로 잘 되지 않는다면 스스로에게 시간을 좀 주도록 하자. 이 부분에서도 우리는 연습, 그러니까 훈련이 필요하다. 특히 이런 것을 처음 해보는 사람이라면 더더욱 그렇다. 가끔은 이 부분에서 우리 스스로가 아직 충분히 완벽하지 않기 때문에, 성공적이거나 날씬하거나 예쁘지 않기 때문에 사랑과 수용이 불가능하다는 생각이 끼어들 수 있다. 이러한 생각을 구름이 흘러가듯 흘러가게 두고 기존의 느낌을 유지하려고 노력하면서 당신을 있는 그대로 바라보도록 노력하자.

몇 번 연습하고 나면 이 과정이 점점 더 수월하게, 빠르게 진행되는 것을 느낄 수 있을 것이다.

몇 분 동안 스스로를 떠올리면서 사랑과 수용의 기분을 느끼고 난 뒤에는 스스로에게 감사하고, 한두 번 호흡을 이어간 뒤에 눈을 뜨고 의식을 차리면 된다.

이 명상법을 자주 연습하면 할수록 그 기분이 당신의 그림과 점점 더 강하게 연결되는 것을 느낄 수 있을 것이다. 그리고 애정 어린 시선으로 스스로를 바라보는 것이 점점 더 수월해질 것이다.

이 연습을 확장해서 다른 사람들, 또는 온 우주를 상상하며 사랑과 수용의 기분을 유지할 수도 있다. 이는 자신과 다른 사람들에 대한 연민을 확장하는 데에 도움을 주는 훌륭한 연습법이기도 하다. 나는 이 명상을 할 때면 항상 다음의 문장들로 마무리 짓는다.

나와 모든 사람들이 안전하길 바랍니다.
나와 모든 사람들이 건강하길 바랍니다.
나와 모든 사람들이 행복하길 바랍니다.
나와 모든 사람들이 그들의 삶을 가볍고 기쁜 마음으로 살아갈 수 있길 바랍니다.

# 당신을 향한 사랑의 고백

파울라 람베르트(Paula Lambert)를 아는가? 많은 사람들
은 그녀를 식스(Sixx. 여성들을 주요 시청대상으로 삼는 독일
의 한 예능 케이블 채널 — 옮긴이)의 연애 코치로 기억하고
있을 텐데, 그녀는 사실 기자이며 자기애에 대한 훌륭한 책
을 쓰기도 했다. 나는 2014년에 그녀가 벌였던 캠페인에 응
답한 적이 있다. 그때 파울라는 #파울라는당신을사랑해
(#Paulaliebtdich) 캠페인을 시작했었다. 자기 자신을 사랑하
고, 자신의 몸을 있는 그대로 받아들이자는 취지의 캠페인
이었다. 나는 그 캠페인의 일환으로 나에게 편지를 써보냈
고, 이 편지는 여성잡지《프로인딘(Freundin)》에 실렸다.

단지 내 글이 잡지에 실려서가 아니라 여성, 그리고 나

자신이라는 주제와 관련하여 이렇게 멋진 경험을 할 수 있었다는 게 정말 신났다.

혹시 당신도 스스로에 대한 사랑의 고백을 쓰고 싶은 마음이 있는가? 당신의 몸을 있는 그대로 받아들이라는 주제가 아니어도 좋다. 어쩌면 무언가가 당신이 용감한 삶을 사는 것을, 당신의 길을 가는 것을 막고 있는지도 모르겠다. 스스로에게 연애편지를 써보도록 하자. 혹시나 이것이 정말 어렵게 느껴질수록, 더더욱 한번 써보는 것이 좋겠다. 어떤 일에 대한 저항감이 크면 클수록, 그건 꼭 해야 할 일이거나 그 일을 통해 큰 교훈을 얻게 될 가능성이 높기 때문이다.

오늘 당신의 어떤 부분에 대해 사랑을 표현하고 싶은지 스스로에게 묻고 종이 위에 적어보자. 당신의 어떤 부분이 당신을 자랑스럽고 행복하게 만들어주었는가? 가끔씩은 편지의 내용을 누군가와 공유하는 것도 도움이 된다. 어쩌면 가까운 누군가에게 당신의 편지를 읽어줄 수도 있겠다. 아니면 언제나 볼 수 있는 곳에 걸어두어도 좋겠다.

한번 시도해보고, 스스로에 대한 관점이 바뀌는지 스스

로에게 더 친절하고 사랑스러워질 수 있는지 살펴보자.

아래는 내가 당시에 썼던 편지를 검열 없이 원문 그대로 담아두었다. 당신이 스스로에게 편지를 쓰는 데에 도움이 되길 바라는 마음이다.

탄야에게,

네가 예전에 너의 몸에 대해 얼마나 불편하게 생각
했었는지 기억하니? 너는 모든 다른 여성들이 너보다 더 아름
답고, 날씬하고, 탐낼 만한 몸을 가지고 있다고 생각했었잖
아. 그런데 나는 이 당시 너의 사진들을 볼 때마다 네가 얼마
나 좋아보였는지 깜짝 놀라. 이때의 너는 날씬하고, 젊고, 예
쁘고, 빛나고 있어! 안타깝게도 이때의 너는 그 사실을 알지
도 느끼지도 못했지. 너는 미디어에 나오는 여성들, 마른 친구
들과 네 자신을 비교하느라 너무 바빴으니까. 너는 네 신체의
모든 부분들을 비판적인 시각으로 바라보고 별로라고 생각했
었어. 가슴은 충분히 둥그랗지 않고, 다리도 곧지 않고, 엉덩이
는 너무 뚱뚱하다고 말이야. 네가 지금은 그토록 사랑하는 곱
슬머리마저도 그 당시에는 이따금씩 거슬린다고 했고, 아름다운
여성들은 길고 매끄러운 비단결 같은 머리카락을 가졌다며 부
러워했지.

그때부터 굶고 먹기를 반복하는 습관이 시작됐을 거야.
이때와 지금 사이에 너는 끝없이 다이어트를 시도했고, 그중

용기력 수업

대부분은 실패하고 말았지. 너는 너의 다이어트 실패를 부끄러워했고, 그러면서 살은 점점 더 쪘어. 굶어야만 유지될 수 있었던 50킬로그램의 몸무게는 시간이 흐르면서 120킬로그램이 넘어가게 되었지. 이 시기에 너는 여성으로서의 자아를 방치해뒀어. 너의 모든 에너지를 묶어두고 커리어에만 집중했지.

그리고 오늘, 네가 스스로에 대해 많은 연구를 한 끝에 너는 드디어 크고 명확하게 네 스스로에 대해서 한 인간으로서, 한 여성으로서 긍정의 목소리를 낼 수 있게 되었지. 비록 완벽하지 않더라도 말이야. 네 몸을 애정이 담긴 시선으로 바라볼 수 있게 되었고, 너의 아름다움을 발견하고 받아들일 수도 있게 됐어.

사랑하는 탄야, 나는 네가 정말 멋지다고 생각하고, 네가 걸어와야 했던 길고, 용감하고, 어려웠던 길이 자랑스러워.

내적으로도, 외적으로도, 너는 아름다워!

너의 탄야가

# 다시 새롭게 사랑에 빠질 것

당신은 당신의 인생에서 하나밖에 없는 남자 또는 여자이다. 나는 그런 당신이 스스로와 새롭게 사랑에 빠지도록 만들고 싶다. 어렸을 때 사진들을 보고 모험과 꿈들, 그리고 당신이 지금까지 살면서 경험했던 모든 것들을 한번 돌아보자. 다시 스스로에 대해 자랑스럽고 기쁜 마음을 갖고, 그동안 이룬 것들에 대해 생각해보자. 당신이 이룬 모든 성공들을 축하하고 바로 이 순간에 당신이 밟게 될 다음 단계, 당신이 이루게 될 다음 성공에 마땅한 축하를 하겠다고 약속하자. 그리고 다음에 누군가가 당신에게 칭찬을 건네면, 듣고 나서 그냥 잊어버리는 대신 잠시 시간을 갖고 진심을 다해 그 칭찬을 마음으로 느껴보고, 거기에서 오는 기뻠을 온전히 누려보자.

당신의 침대 옆에 메모지를 두고 다음의 것들을 적어보는 것도 좋겠다.

- 저녁마다 그 날 잘 했던 일들을 적자. 그리고 이에 대해서 스스로 칭찬을 해주자. 구체적으로 어떤 부분이 좋았는지, 어떻게 잘 해냈는지를 적자.
- 잘 풀리지 않았던 일을 하나 적고, 이에 대해 스스로 괜찮다고 용서해주자. 그리고 한 번 더 시도해보겠다고 스스로와 약속하자.
- 매일 아침 자기 자신의 어떤 부분이 특히 사랑스러운지 적어보자.
- 다른 사람들이 해주는 칭찬을 적어, 당신이 위로를 필요로 하는 순간을 대비해 모아두어도 좋겠다. 가끔씩은 외부로부터의 친밀한 피드백을 필요로 하는데, 그러한 것들을 잘 받지 못하는 경우가 있다. 이런 순간들을 대비하여 비축해두는 것이다.

지금 좀 의아해하고 있을지도 모르겠다. 《용기력수업》이라는 제목의 책을 사면서 '힘내, 넌 할 수 있어!'라는 내용을 기대했는데, 스스로를 사랑하고, 받아들이고, 명상 연습을 하라고? 하지만 나는 이 과정이 왜 중요한지, '힘내, 넌 할 수 있어!' 같은 말을 하는 건 충분하지 못하며 지속적이고 의미 있는 변화로 이어지지 않는지 기꺼이 설명해줄 수 있다.

나는 용기가 마음에서 생긴다고 믿는다. 당신에게 맞는 인생을 만들어내고 그런 인생을 산다는 것은 당신이 스스로를 사랑하고, 존중하고, 스스로와 좋은 관계를 맺을 때에만 가능해진다.

인간이라는 존재는 사랑과 존중 없이 살 수 없다. 그래서 사랑하고 존중하는 마음이 내 안에 없다면, 이를 항상 외부에서 얻어야만 한다. 그렇게 되면 누구를 만나느냐에 의존할 수밖에 없게 된다. 그 결과 외부의 기준에 맞추어 휘어지게 되고, 외부에서만 존중, 인정, 사랑이라는 마음을 얻기 때문에 타인의 요구에 맞춰주게 된다.

반면, 자기 자신의 내면에서 존중과 사랑을 찾을 수 있고 이 마음이 성장할 수 있도록 자리를 내어준다면 성숙한 인간으로서 스스로에게 많은 것을 줄 수 있게 된다. 그러면 스스로가 중요해져서 옆의 사람이 당신에게 뭐라고 말하든 스스로의 편에 설 수 있게 된다. 그 결과 누군가가 당신이 하는 일을 별로라고 여긴다 하더라도 그와 상관없이 독립적으로 자유롭게 당신의 일을 계속 할 수 있게 된다.

스스로를 사랑하고 존중하는 마음은 '있으면 좋은' 것이 아니라, '꼭 가져야만 하는' 마음이다. 이 마음은 매번 흔들리고 도전받기 때문에 항상 보살핌을 필요로 하지만, 가장 그럴 만한 가치가 있는 마음이다. 만약 당신이 매우 바빠서 이 책이 말하는 모든 것을 실행에 옮길 시간이 없고 단 한 가지만 선택해서 연습해야 한다면, 부디 이 부분을 택해주기 바란다.

# 스스로의 용감한 본보기가 되자

당신이 스스로와 사랑에 빠져 있고, 당신의 시선이 더 이상 좌우를 둘러보지 않는다는 전제하에 이야기를 이어가 도록 하겠다. 하지만 당신이 여전히 주변 사람들을 둘러보 며 누가 나보다 더 낫고, 더 크고, 더 성공적이고, 더 용감하 고 과감하게 인생을 살아가고 있는지 두리번거리고 있다고 해도 계속해서 읽어주길 바란다.

앞에서도 이야기한 바 있고 분명 다른 사람들도 당신에 게 이렇게 이야기한 적이 있을 테지만, 그래도 혹시나 하여 이 자리에서 아주 크고 분명하게 다시 강조하겠다. **다른 사 람과의 비교는 그만하자!** 이런 습관은 불만족을 키울 뿐이 고, 당신의 발전에는 아무 소용이 없다. 당신은 비교를 통해 한 발자국도 앞으로 나가지 못한다. 덴마크의 철학자 쇠렌 키르케고르(Søren Kierkegaard)는 200년쯤 전에 이 사실을 이미 분명히 깨닫고 있었고, 다음과 같이 말했다. "비교는 행복의 끝이자 불만족의 시작이다."

나는 예전에 나를 남과 비교하는 데 둘째가라면 서러운 사람이었다. 나는 나의 갈색 곱슬머리를 친구들과 소설 주인공들의 윤기나는 금발 생머리와 비교하곤 했다. 대부분의 다른 사람들은 나보다 날씬했고, 사랑스러웠고, 쿨했고, 나중에 더 큰 성공을 거두었고, 더 많은 연봉을 받았다. 나의 동료의 주장이 더 설득력 있었고, 다른 동료는 더 많은 지원을 받았으며, 또 다른 누군가는 나보다 훨씬 일처리를 쉽게 했다. 그나마 그 당시는 소셜미디어가 활발하게 사용되지 않았다는 게 다행이라면 다행이었다. 그렇지 않았다면 자존감이 이 정도로 낮고, 외부의 시선에 완전히 의존적이고, 나 자신이 충분하지 않다는 생각에 사로잡혀 있던 상태의 나는 하루 종일 페이스북과 인스타그램에 매여 극심한 좌절감에 빠졌을 것이다. 그랬다면 계속되는 비교, 그로 인한 스스로에 대한 평가절하, 자신을 작게 만들고 스스로가 보잘 것 없는 존재라는 느낌을 받던 그 시간이 무한히 끝나지 않았을 것이다.

나는 내가 어느 순간 이 모든 비교가 의미가 없다는 사실을 깨달아 기쁘다. 그 이후 내 삶은 훨씬 가볍고 단순해졌기 때문이다.

한 가지 분명한 사실은 당신보다 날씬하고, 예쁘고, 친절하고, 똑똑하고, 돈이 많고, 인기도 많고, 성공적이고, 독서를 많이 하고, 여행을 많이 하고, 키가 크고, 빠르고, 용감한 사람이 언제나 존재하리라는 사실이다. 이 사실을 알게 된 나는 높아진 자존감과 스스로에 대한 애정 어린 시선을 가지고 더이상 나를 남과 비교하지 않게 되었다. 망치를 들고 자신의 무릎을 찧으면서 그게 자신을 아프게 만들고, 점점 더 걷기 힘들게 한다는 사실에 놀라는 건 말이 안 되지 않는가.

그러면서 점점 비교를 멈추게 되었고, 특히 용감해지려는 과정에서는 자신을 남과 비교하는 행동이 더 말이 안 된다는 사실을 깨닫게 되었다. 나는 예전에 무대공포증이 있었기 때문에 무대에 오르는 사람들, 강연을 하는 사람들을 보면 항상 감탄하곤 했다. 와, 진짜 용감하다, 이렇게 생각했다. 하지만 어쩌면 바바라 쇠네베르거(Barbara Schöneberger. 독일의 배우 — 옮긴이)는 용기가 필요 없었을지도 모른다. 어쩌면 태어났을 때부터 그녀는 마이크를 잡고 무대에 오르는 것에 큰 즐거움을 느꼈을지도 모르지 않는가? 그걸 누가 알겠는가. 그리고 이런 생각을 하는 것은 발표에 대한 나의 공포와 사실 아무런 관련이 없었다. 누군가가 용기를 가지고 이러한 공포심을 극복했든, 공포감이 어떤 것인지 아예 처음부터 모르든, 그 어느 쪽이 사실이든 간에 둘 다 나에게 도움이 되지 않았다.

당신이 앞으로 해야 할 유일한 비교는 자기 자신과의 비교이다. 어제의 당신과 오늘의 당신을 비교하는 것이다. 어제는 하지 못하던 것이었는데 오늘 배우게 된 것에는 무엇이 있는가. 어제까지만 해도 가능하지 않았는데 오늘 해낸 것에는 무엇이 있는가. 어제는 도전하지 못했는데 오늘 매우 용감하게 시도해본 것은 무엇이 있는가.

이것이 바로 당신의 나침반 역할을 하게 될 비교습관이다. 이를 통해 당신은 스스로의 용감한 본보기가 되고, 당신이 어떻게 발전하고 성장해나가는지 깨달을 수 있게 된다. 이때도 한 걸을 한 걸음 나아갈 때마다 스스로에게 축하해주도록 하자. 그 일을 해내기까지 얼마나 많은 에너지를 쏟고 얼마나 많은 준비와 훈련을 통해 내면의 싸움을 거쳐, 보이는 결과를 이끌어냈는지는 당신만이 알고 있기 때문이다.

그리고 오로지 당신만이 스스로를 위한 올바른 기준을 제공할 수 있다. 다른 사람과의 비교를 계속하게 되면 왜곡된 척도를 가지게 될 수밖에 없다. 다른 사람의 내면에는 어떤 일들이 일어나고, 그들은 어떤 운명을 가지고 태어났고, 어떤 길을 가고 있으며 그들의 두려움이나 재능, 강점은 무엇인지 당신은 알 수 없기 때문이다.

이 부분에서 간혹 오해를 사기 때문에 분명히 해두고 싶은 말이 있다. 당신은 물론 당신에게 영감을 주는 사람을 찾아도 된다. 나도 그런 사람이 있다. 하지만 그 사람들과 당신을 비교하지는 말자. 어떤 분야에서 그들을 참고할지 혹은 그들로부터 배울 점이 있는지만 살펴보도록 하자. 이는 자신을 타인과 비교하여 스스로를 작게 만드는 것과는 큰 차이가 있다.

나의 지도를 맡았던 리아네 슈테판(Liane Stephan)은 전문적인 부분에서 나의 본보기가 되어준다. 나는 그녀를 통해 코칭 과정에서 고객들에게 정말 와닿고 그들에게 변화를 줄 수 있는 좋은 질문을 하는 법에 대해 배울 수 있었다.

자비네 아스고돔은 나에게 두 가지 면에서 본보기가 되어준다. 그녀는 내가 동그란 체구의 여성으로서도 무대에 설 수 있도록 격려해준 사람인 동시에, 사람들의 마음을 움직이고 감동을 주는 정말 좋은 발표는 어떻게 하면 되는지에 대해 영감을 준 사람이다.

그리고 남편 페터는 내가 살면서 어떤 일을 평가하기보다 내가 할 수 있는 일을 더 많이 하도록 큰 본보기가 되어주고 있다.

# 이젠 네 차례!

본격적으로 시작하기 전에 당신의 위치를
파악하는 것이 중요하다. 이번 장을 통해
당신의 인생에 있어 중요한 영역을 모두 살
펴보면 당신이 어느 부분에서 자기주도적
인 삶을 살고 용기를 발휘하는지 어느 부분
에서 발전이 필요한지 알게 될 것이다. 게
다가 용감한 길잡이를 새로이 알게 될 것
이다.

그럼 발견의 여정에서 많은 즐거움을 얻길
바라며, 이제 시작해보자!

# 매우 바쁜 독자들을 위한 빠른 시작

## — 용기 공식

짠! 이 장은 책을 사기는 했고 읽기는 해야겠는데 너무 바쁜 관계로 빠르게 용기근육 훈련을 시작해야 하는 사람들을 위해 마련한 단순화한 용기공식이다.

우선 당신이 매력적이라고 생각하는, 그리고 당신에게 의미가 있는 목표가 필요하다. 편의상 그 목표를 **당신의 그것**이라고 해두자.

그리고 이 목표와 연계된 두려움, 회의감, 걱정, 또는 위험을 떠올리는 것이 필요하다. 이것들은 **당신의 두려움**이라고 부르자.

그 다음 스스로에게 이렇게 물어보자. 만약 **당신의 그것**을 원하고 있는 상태에서, **당신의 두려움**이 존재하지 않는다면, 정확히 무엇을 어떻게 하겠는가? 당신의 목표를 이루기 위해 어떤 단계를 밟을 것인가?

어떤 것들을 하면 좋을지를 어려움 없이 성취할 수 있는 작은 단계들로 세분화하여 목표를 이루는 순간까지의 이 모든 단계들을 적어보자. 그리고 이것들을 **당신의 용기근육 훈련**이라고 부르자.

여기까지 잘 이해했는가? 잘 따라오고 있나? 어쩌면 당신도 나처럼 무언가가 빠졌다는 느낌을 받고 있지는 않은

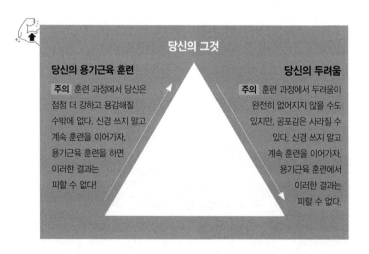

**당신의 그것**

**당신의 용기근육 훈련**
주의 훈련 과정에서 당신은 점점 더 강하고 용감해질 수밖에 없다. 신경 쓰지 말고 계속 훈련을 이어가자. 용기근육 훈련을 하면 이러한 결과는 피할 수 없다!

**당신의 두려움**
주의 훈련 과정에서 두려움이 완전히 없어지지 않을 수도 있지만, 공포감은 사라질 수 있다. 신경 쓰지 말고 계속 훈련을 이어가자. 용기근육 훈련에서 이러한 결과는 피할 수 없다.

용기력 수업

가? 이를테면 목표라는 상부구조물이 무너지지 않도록 지탱할 수 있는 토대 같은 것 말이다. 그런 토대가 있어야 진짜 용기를 낼 수 있지 않을까? 이러한 토대는 네 개의 황금률로 이루어져 있다.

- 우리는 넘어지면서 걷는 법을 배운다. 그러므로 당신의 용기근육 훈련을 위한 도전과제의 성공 척도는 성공적인 결과가 아니라, 당신이 내딛은 그 걸음 자체이다. 걸음을 내딛었다는 사실을 축하하고, 훈련과정에서 넘어지고 실패하는 것을 스스로 허용해주도록 하자. 이는 긴장을 풀어주는 데 엄청난 도움이 된다.

- 우리는 즐거움과 열정을 느끼는 순간에만 무언가를 배울 수 있다. 그러므로 당신이 이룬 발전이나 당신이 저지른 실수를 지나치게 깎아내리거나 비판적인 시각으로 바라보지 말자. 이는 스스로의 발전을 방해하는 것이나 다름없고, 결과적으로 당신이 꾸준히 훈련을 이어나가는 것을 필요 이상으로 어렵게 만들기 때문이다. 두려움을 극복하고 성장하는 과정은 자기 자신에게 친절하게 대하고,

스스로를 가치 있게 여기는 태도를 필요로 한다. 그리고 자기 자신에게 그런 태도를 보이려면 충분한 정도의 자기 애가 분명 도움이 될 것이다.

● 모든 사람들은 자신의 때가 되면, 자신의 속도에 맞춰 성장하게 되어 있다. 그러므로 당신의 훈련계획에 대해 다른 누군가가 아무리 왈가왈부하더라도 신경 쓰지 말자. 중요한 건, 당신이 훈련을 지속하는 것이다. 작은 걸음걸음을 꾸준히 걷다보면 언젠가는 목표에 닿아 있을 것이다. 중요한 것은 일단 시작하는 것, 그리고 멈추지 않고 계속하는 것이다.

● 오늘 내딛은 한 걸음이 어제까지는 할 수 없던 무엇이었다면, 이에 대해 기뻐하고 축하하자. 다른 사람들과의 비교, 그들의 용감한 행동과 당신의 행동 간의 비교는 당신의 삶에서 중요하지도 않을뿐더러, 당신을 불만족스럽게 만들 뿐이다. 그보다는 스스로를 자신의 용감한 본보기로 삼도록 하자.

위대한 운동선수들의 지혜에 대해 알고 있는가? 훈련

동안에는 땀을 흘리고, 훈련은 고되고 아프고 힘들고 가끔은 이루 말할 수 없이 불쾌하기도 하다. 당신은 틈날 때마다 포기하고 싶어질 것이다. 이건 당신이 스스로를, 그리고 당신의 발전을 믿지 않기 때문이다. 어떤 날에는 스스로가 머리에 피도 안 마른 초보자처럼 느껴지고, 아무것도 제대로 되지 않을 수도 있다. 그리고 이따금씩은 그저 소파에

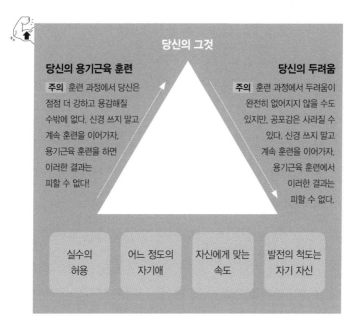

## 당신의 그것

**당신의 용기근육 훈련**

**주의** 훈련 과정에서 당신은 점점 더 강하고 용감해질 수밖에 없다. 신경 쓰지 말고 계속 훈련을 이어가자. 용기근육 훈련을 하면 이러한 결과는 피할 수 없다!

**당신의 두려움**

**주의** 훈련 과정에서 두려움이 완전히 없어지지 않을 수도 있지만, 공포감은 사라질 수 있다. 신경 쓰지 말고 계속 훈련을 이어가자. 용기근육 훈련에서 이러한 결과는 피할 수 없다.

| 실수의 허용 | 어느 정도의 자기애 | 자신에게 맞는 속도 | 발전의 척도는 자기 자신 |
|---|---|---|---|

눌러앉아 있고 싶을 것이다. 그 쪽이 훨씬 편하고, 힘들고 변화무쌍한 훈련보다 당신에게 더 익숙하기 때문이다.

**하지만** 훈련 후의 기분보다 더 좋은 것은 없다. 당신은 스스로를 자랑스러워할 수 있고, 당신이 가진 힘을 느껴보았으며, 전보다 더 강해졌다고 느끼고, 스스로에 대해, 자신이 정말 무언가를 해냈다는 기분에 만족스러울 것이다.

용기근육 훈련도 이와 마찬가지이다. 훈련기간 동안에는 기분이 썩 좋지 않은 순간이 찾아온다. 여전히 두려움이 존재하는 단계이고, 그 두려움이 호시탐탐 나에게서 주도권을 앗아가려고 하기 때문이다. 하지만 매일 조금씩 더 강해지고, 더 용감해지고, 더 자유로워지기 위해 노력하는 것은 그만한 가치가 있는 일이다.


여전히 뭔가가 부족하다고 느끼는가? 오케이, 이해한다. 훈련에 도움이 될 무언가가 더 필요하다고? 자원이 필요하다고? 좋은 길잡이? 새로운 아이디어? 다른 방법? 더 많은 준비? 더 많은 노하우? 그렇다면 이 모든 것들을 **당신의 조커**라고 부르기로 하자. 당신은 훈련과정에서 당신에게 무엇이 도움이 될지 가장 잘 알고 있으므로 그러한 것들을 훈련의 수단으로 활용할 수 있다. 이 책을 그 수단 중 하나로 삼을 수도 있다. 이 책에는 많은 이야기들과 고무적인 말들, 용기를 키우기 위한 연습과 제안이 담겨 있다. 이 중 당신이 훈련의 길로 떠나기 위해 — **당신의 그것**을 이루기 위해 필요한 것은 무엇인지 살펴보자.

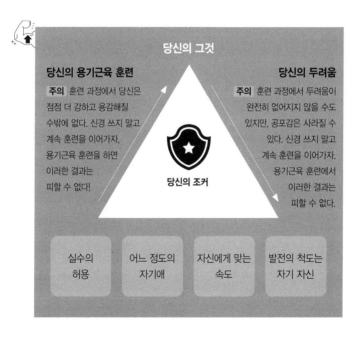

이로써 당신은 이번 장에서 용기 공식과 모든 중요한 조언들을 한 눈에 확인한 셈이다. 즉, 당신은 지금 당장이라도 용기근육 훈련을 시작할 수 있다!

**당신의 이름은? 무슨 일을 하고 있나요?**
저는 이자벨 가르시아(Isabel García)라고 합니다. 베스트셀러 작가이
자 다양한 채널을 통한 커뮤니케이션 전문가로 활동하고 있습니다.

**당신이 했던 용감한 행동은 무엇인가요?**
사람들이 많은 곳에서 노래부르기요!

**당신의 가장 큰 두려움은 무엇이었나요?**
저는 수줍음이 많고 사람들의 주목을 받는 것에 지속적으로 두려움을
가지고 있었어요. 특히 낯선 사람들의 주목을 받을 때요. 목소리가 제
대로 안 나오면 어떡하지, 가사를 잊어버리거나, 다 잘 해냈는데 모두
가 내 목소리를 싫어하면 어떡하지? 이런 두려움에 사로잡혀 있었어요.

**그 두려움을 어떻게 극복했나요?**
그냥 해버렸어요. 제 동료가 자신의 결혼식에서 축가를 불러줄 수 없겠
냐고 물어봤을 때 용기내서 그러겠다고 했어요. 그런 다음 콘서트 요
청을 받았고, 두려움을 이겨낼 새도 없이 또다시 하겠다고 대답해버렸
어요. 처음에는 무대에 서기 전에 때마다 독감에 걸리는 식으로, 나중
에는 입에 침이 너무 많이 고이거나 심지어 설사까지 하는 식으로 제
머리가 저항의 신호를 보냈어요. 하지만 저는 의지를 꺾지 않고 항상
도전했죠. 올 테면 와봐, 하는 식으로요.

**그 두려움을 극복할 만한 가치가 있었나요?**
네, 확실히 있었어요. 어느 순간 이성이 제 앞길을 막는 일을 그만두더
라고요. 그 사이에 저는 '단지' 정상적인 무대공포증만을 느끼는 수준
까지 발전했고요. 그리고 노래를 부른 뒤 받는 박수는 정말 돈으로 환
산할 수 없는 가치가 있죠.

**용기와 관련된 가장 좋아하는 인용문이나 격언이 있나요?**
"두려움이 당신을 저지하기 전에 얼른 '그렇다'라고 답할 것!"

# 당신의 새로운 길잡이를 소개합니다

용기훈련을 본격적으로 시작하기에 앞서 내가 소개해주고 싶은 사람이 있다. 바로 용기 양이다! 그녀도 나와 같이 당신이 이 책을 읽는 동안, 그리고 당신이 원한다면 일상 속 훈련에서도 당신의 길잡이가 되어줄 것이다.

용기 양은 마트의 계산대에서 태어났다. 그렇다, 제대로 읽었다. 장을 보러 가는 마트 말이다. 나는 그 곳에서 내 첫 세미나를 위한 식량을 사고 있었다. 커피와 우유, 그리고 빠질 수 없는 초코과자까지. 그 뒤에 계산대에서 나는 세미나 참가자로 등록한 게를린트를 만났다. 그녀가 그 당시 내게 줬던 자극에 대해 나는 오늘날까지도 무척 감사하다. 그녀는 나한테 활기차게 인사했다. "어때요, 용기 양,

전 벌써 설레는데요. 좀 있으면 당신의 첫 수업이 시작되잖아요."

그 순간이 바로 용기 양이 태어난 순간이라고 할 수 있다. 그러니까, 이 캐릭터의 아이디어가 탄생한 순간 말이다. 실제로 구체화된 것은 나중의 일이다. 하지만 나는 그때부터 계속 그 생각에 사로잡혀 있었다. 작은 사람들이 얼마나 자주 큰 용기를 갖는지, 젊은 시절에 우리가 실패에 대해 갖는 두려움이 얼마나 작은지. 우리가 아이였을 때, 우리는 우리의 모험이 어떤 결과를 불러올지 생각하지 않았다. 우리는 나무 위에 짓는 집이 얼마나 멋질지 생각하지, 그 집을 짓기 위해 나무 위에 오를 때 어지럽지 않을지 걱정하지 않는다. 우리 인생의 첫 몇 년 동안 우리는 매일매일 빠르게, 많은 것들을 습득한다. 우리는 성장 과정에서 넘어지거나 실패한다고 해서 용기를 잃지 않는다. 아니면 혹시라도 세 번 정도 넘어지고 나서 "아, 노력해봤는데 걷는 건 나와 안 맞는 것 같아. 그냥 안 하는 게 낫겠어!"라고 말하는 아이를 한 번이라도 본 적이 있는가? 그렇지 않을 것이다. 아이들은 넘어지지 않고는 걸을 수 없다는 사실을 당연하게 받아들인다.

　내게는 용기 양이 이러한 것들을 상징하고 있는 캐릭터이다. 그녀는 끈기 있게, 유머를 잃지 않고 견뎌내는 캐릭터이다. 모험을 좋아하고 삶의 의욕이 넘친다. 나는 그녀 안에서 나의 용감한 면모, 그리고 당신의 용감한 면모를 발견한다. 매일 새로운 것을 시도하려는 의지, 넘어져도 기쁜 마음으로 다시 일어나려는 태도를 읽는다. 발걸음을 떼고 이 길이 어디로 향할지 호기심 어리게 살피는 눈빛을 본다. 용기 양은 첫 번째 시도에서 바로 성공할지는 알 수 없는 어떤 것을 시도하게끔 만든다. 그녀는 첫 번에 성공하지 않을 경우를 대비하여 위로와 치유의 말을 준비하고 있다. 이 작고 멋진 용기 양은 우리의 더 용감해진, 더 대담해진 버전이라고 할 수 있다.

　물론 당신이 이 책과 함께 연습한다면 어느 순간 용기 양을 뛰어넘게 될 것이다.

# 당신의 위치

당신은 더 용감해지기 위해 이 책을 샀을 것이다. 그리고 당신은 지금까지 나와 내 겁쟁이 이력에 대해, 용기와 용기의 다양한 형태와 색에 대해 어느 정도 읽었다. 그리고 당신은 이어서 읽고 있다. 좋은 현상이다! 이것은 무엇보다도 당신이 용기 있는 삶을 진지하게 원하고 있고, 그러한 삶에 대해 정말 알고 싶고 그러기 위해 훈련할 의지가 있음을 의미한다. 자유와 자기주도적 삶에 더 가까워지는 법 말이다. 나로서는 당신의 길잡이가 되어줄 수 있어 기쁘다.

알고 있는가? 헬스장에 등록하면, 어떤 목표를 갖고 있든 간에 등록을 위한 상담이 이루어지고 이때 현재 상태를 판단하게 된다. 당신의 신체적 컨디션은 어떤가? 어떤 목표를 이루고 싶은가? 당신의 잠재력은 무엇이며, 방해가 될 만한 요인에는 무엇이 있는가? 등등 말이다.

용기근육 훈련의 시작에 앞서서도 동일한 과정이 필요하다. 당신이 어디에 서 있는지, 당신이 무엇을 원하는지, 어떤 꿈을 가지고 있는지, 당신의 삶에는 어떤 가치들이 중요한지 알아야 한다. 즉, 이번 장을 통해 당신은 스스로에 대해 다시 한 번 제대로 알게 될 것이고, 새로운 면모를 발견하게 될 것이며, 당신의 컴포트 존을 탐색하게 될 것이다. 이러한 것들이 바로 성공적인 훈련을 위한 기반이 되기 때문이다. 당신은 어디로 가고 싶은지도 알아야 하겠지만, 당신이 어디에서 왔는지, 그리고 지금 어디에 있는지도 알아야 한다. 그렇지 않고서는 당신의 내면이 나침반이 당신에게 좋은 길을 안내해줄 수 없을 것이다. 출발지와 목적지를 모르는 내비게이션이 안내를 제대로 할 수 없는 것처럼.

당신이 이미 알고 있듯, 내 안에는 두 가지의 큰 목소리가 존재했다. 하나는 커리어에 대한 목소리로 내게 항상 이렇게 말했다. "넌 원하는 것은 무엇이든 될 수 있어, 탄아!" 그래서 나는 그렇게 자주 직업을 바꾸는 데 있어, 가끔은 하던 일을 버리고 새로운 과제를 맡거나 해외로 근무지를 옮기는 데 있어 겁내지 않을 수 있었다.

내 안에 존재했던 또 다른 목소리는 내 불안감과 의심, 걱정의 불에 계속해서 기름을 들이부었던 목소리였다. "다른 사람들은 나에 대해 어떻게 생각할까?" "안 돼, 이건 정말 너무 창피하잖아. 이걸 모른다면/못 한다면/안 한다면 다른 사람들이 너를 비웃을 거야." "네가 이 모든 것을 해주지 않는다면, 그가 너를 사랑할 이유가 없지 않을까?" "네가 지금 거절하면 그녀는 분명 너에게 화를 낼 거야."

당신도 아마 이러한 내면의 목소리와 그 내용에 대해 잘 알고 있을 것이다. 이 목소리, 이 문장들은 태어날 때부터 우리를 따라오던 것들이거나, 아니면 학교에서 혹은 주변 사람들로부터 자주 들어오던 것들이다. 우리는 이 문장들이 옳다고 믿으며, 이에 대한 확신이 들 때까지, 또 이 문장들이 우리의 생각과 감정에 뿌리내릴 때까지 오랜 기간 반복하게 된다. 그렇게 우리의 인생을 조종하고 우리의 현실을 규정짓는 일종의 고정관념이 되기에 이른다. 우리 인생의 멜로디를 만드는 베이스와 리듬이 되어버린다. 이 문장들이 우리를 작은 존재로 만들어버리고, 우리가 충분히 잘하지 못해서 목표를 이루지 못할 것이라고 이야기하고, 혹은 우리가 사랑받을 만한 존재가 아니라고 이야기한다면 우리가 움직일 수 있는 공간과 우리가 무언가를 할 수 있는 폭이 굉장히 좁아질 수 있다.

내 안에는 직업과 관련된 일들에 있어서 겁 없게 행동할 수 있게끔 했던 내면의 목소리가 존재했지만, 동시에 내 안의 의심의 목소리가 미쳤던 영향도 꽤나 커서 나는 내 요구와 바람들을 눌러둔 경우도 많았다. 다른 사람들과 그들의 요구와 바람이 더 중요해, 탄야. 네가 이것들을 충족시키고 여기에 잘 적응해야만 너는 사랑받고 그들의 일원이 될 수 있어! 나는 내 스스로에게 지속적으로 이런 메시지를 보냈던 것이다.

그 결과는 독자 여러분도 이미 아는 바와 같다. 이제부터는 당신이 당신의 삶에서 의심과 걱정을 갖게 되는 부분이 어디인지, 어떤 내면의 목소리와 부딪치게 되는지, 그리고 그 목소리가 당신을 불확실성과 의심으로 끌어당기는지 혹은 당신을 강하게 만들고 성장시키는지 살펴볼 것이다.

# 당신은 지금 어디에 서 있는가?

## 커리어와 관련해서

당신이 현재 승진 또는 이직할 기회 앞에 놓여 있고 이를 기꺼이 받아들일 마음이 있다고 가정해보자. 당신은 이미 제시된 몇 가지의 전제조건을 충족시켰고, 일부 경험들을 증명할 수 있지만, 한두 가지의 자격요건에는 미치지 못하는 상태이다. 어떻게 하겠는가?

● 지원한다. 새로운 직업에 적응하여 성장할 수 있고 그 과정에서 부족한 자격요건을 채워나갈 수 있을 것이라고 믿

기 때문이다.

- 지원해서 누군가가 내가 자격요건이 부족하다는 사실을 알아차리는지 살핀다. 누군가 눈치를 챈다고 하더라도 어쩌면 면접을 통해 나의 다른 자질과 강점들을 어필할 수 있을지도 모른다.

- 절대 지원하지 않는다. 요구사항을 충족시키지 못한다는 사실이 너무 걱정스럽기 때문이다.

- 절대 지원하지 않는다. 직장동료들이 날 뭐라고 생각하겠는가?

- 절대 지원하지 않는다. 결국 그 자리를 얻지 못한다고 상상해보라, 너무 창피하지 않은가!

한번 생각해보자.

- 당신은 현재 하고 있는 일을 어떻게 선택하게 되었는가? 정말 당신에게 잘 맞는 일을 택했는가, 아니면 안전한 쪽을 선택했는가? 현재의 일이 당신을 충족시키는가? 월요일 아침이나 멋진 휴가를 마치고 난 뒤의 기분이 어떤가?

용기력 수업

어쩌면 수년째 다른 새로운 일을 하겠다는 바람을 비밀리에 혹은 공공연하게 갖고 있지는 않은가? 하지만 이것을 실행으로 옮기기에는 의심과 걱정이 아직 너무 크지 않은가?

- 혹시 이제 막 당신의 사업을 시작했거나 다른 직장에 지원을 한 상태에서 새로운 도전과 과제들에 설레고 있는가?
- 서른이 넘은 나이에 공부를 다시 시작했는가?
- 직업을 자주 바꾸고 온통 새로운 것들에 설레는가?
- 꿈의 직업을 발견하고는 매일은 아니더라도 꽤나 자주 노래를 흥얼거리며 출근하는가?

당신의 대답은 무엇인가? 커리어의 영역에 있어 당신의 용기근육과 자기주도성은 어떤 상태에 와 있는가? 진심을 다해 일하고 있는가? 당신은 지금 당신이 있었으면 하는 곳에, 혹은 그 곳으로 가는 길에 있는가? 아니면 당신이 하고자 하는 것은 매우 다른 것인데, 의심과 걱정, 안정이라는 개념과 진지함 또는 '네가 어떻게 그걸 해!'와 같은 내면의 목소리라든가 충분히 잘하지 못할 것이라는 생각에 발목 잡혀 있는가?

종이를 한 장 꺼내서 그 위에 당신의 생각을 적어보자. 순서대로 질문에 답을 하는 방식도 좋고, 아니면 질문들을 읽고 자유롭게 생각한 뒤 당신의 생각과 감정들을 적어 내려가도 좋다.

이것을 실행하고 나면 당신이 커리어에 있어서 어떻게 행동하고 어디에 위치하고 있는지 잘 깨닫게 될 것이다. 그렇다면 밑에 나와 있는 0부터 10까지 적힌 눈금에 그 위치를 표시해보자. 이로써 구체적인 숫자와 함께 당신의 현재 위치가 가시화될 것이다. 스스로를 미화하는 건 도움이 되지 않으므로, 이 순간만큼은 스스로에게 솔직한 것이 좋다.

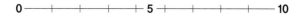

**10 =** 나는 현재 완전히 나와 찰떡궁합인 일을 하고 있으며 매순간 새로운 도전에 직면하는 게 즐겁다. 걱정이나

의구심이 드는 순간이 있더라도 대부분 극복할 수 있으며, 나 자신과 내 행동에 대한 믿음이 있다.

**5 =** 나는 부분적으로 나와 잘 맞는 일을 하고 있으며 간혹 의문이 들기도 한다. 말하자면 반반인 것 같다.

**0 =** 나와 전혀 맞지 않은 일을 하고 있다. 나는 항상 외부의 목소리를 좇아가고 나의 많은 부분 중 겁이 많은 쪽을 따라간다.


## 금전적인 주제와 관련해서


나도 안다. 사람들은 돈에 대해 말하길 꺼려한다. 하지만 피하기만 하는 태도는 도움이 되지 않는다. 이 주제 역시 다뤄져야 한다. 자기주도적인 삶에는 당신의 일에 대한 충분한 보수를 받는 것 역시 포함되기 때문이다. 나는 다년간 구매 부서에서 일한 경험을 통해 다양한 협상기술을 익혔으며, 협상이 잘못되는 대부분의 이유에 대해서도 알고 있다. 우리는 굉장히 많은 감정들을 돈과 결부시키곤 하는데, 사실 돈이란 '단지' 지불수단에 불과하다. 대부분의 경

우 자신의 가치는 내가 나 자신과 내 성과에 대해 무엇을
믿는지, 내가 상대방의 설득에 빠르게 넘어가는지 그리고
선택의 기로에 섰을 때 나의 금전적인 요구사항을 관철시
킬지 혹은 다른 사람이나 회사의 요구를 우선시할지가 결
정적이다.

그럼 이제 다음의 질문들을 읽고 생각해본 뒤 여기에
대한 당신의 생각을 적어보자.

- 마지막으로 상사에게 연봉 인상을 요청한 게 언제인가?
- 자영업자인 경우, 마지막으로 당신의 급여를 인상한 건
  언제인가?
- 급여 또는 연봉 협상은 보통 어떤 식으로 진행되는가?
- 당신은 준비가 잘 되어 있는가? 달성하고자 하는 목표를 정
  확히 알고 있으며, 당신의 성과와 역량을 가시화할 수 있는
  주장을 잘 갖추고 있는가?
- 아니면 상대가 찡그린 표정으로 이마만 한 번 문질러도
  계속해서 기존의 조건으로 일을 계속하겠다고 한발 물러
  날 것인가?

- '나와 내 역량을 또 낮은 가격에 팔아버렸다'는 생각에 대해 알고 있는가?
- 다른 사람들이 더 많은 급여를 받거나 서비스를 더 높은 가격에 제공하는 경우가 자주 나타나는가?
- 아니면 당신이 좋은 성과를 내고 있으며 그만한 값을 받고 있다고 확신하는가?

질문들을 곰곰이 생각해보고 다시 한 번 아래의 눈금에 상태를 표시해보자.

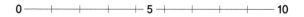

**10 =** 나는 나의 역량과 성과에 대해 알고 있으며 이에 대한 충분하고 적절한 보수를 받고 있다. 걱정이나 의구심이 드는 순간이 있더라도 대부분 극복할 수 있으며 나 자신과 내 행동에 대한 믿음이 있다.

**5 =** 가끔씩은 나의 금전적인 요구와 목표를 주장하는

데에 성공하지만 가끔씩은 나의 일이 다른 사람들의 일만큼 보상받지 못한다는 생각이 든다.

**0 =** 나는 금전적인 부분에 있어 나의 목표와 멀리 떨어져 있다. 나는 항상 외부의 목소리를 좇아가고 나의 많은 부분 중 겁이 많은 쪽을 따라간다.

## 협업할 때

나는 직장에서 대부분의 경우 '예'라고만 대답했다.—"이것 좀 빨리 해줄 수 있어요?", "이건 정말 멋진 프로젝트인데요, 탄야. 당신이 맡아준다면 정말 잘 할 수 있고 그 과정에서 많은 걸 배울 수 있을 거예요!", "당신이야말로 이 과제의 적임자 아니겠어요? 이 주제를 가장 빨리, 그리고 가장 잘 조직에 전달할 수 있을 거예요."— 거기에 더해, 나는 모두가 내가 얼마나 빨리, 확실히, 전문적으로 내가 맡은 바를 해결하고 처리하는지를 볼 수 있도록 스스로 매우 빠듯한 데드라인을 세우곤 했다.

도대체 왜 그랬냐고? 안 그랬다면 나의 동료들이나 상

사가 나에 대해 뭐라고 생각했겠는가? 내가 해내지 못할 거라고 생각하거나, 내가 그다지 좋은 동료 또는 모범적인 상사가 아니라고 생각하거나, 내가 맡은 업무의 주도권을 제대로 쥐지 못하고 있다고 생각하지 않겠는가? 그러느니 비록 내 책상 위에 업무가 가득 쌓여 있고 나 자신도 거의 한계에 다다라 '아니요'라고 대답하고 싶더라도 '예'를 답하는 게 나았다.

나는 여기에서도 앞으로 닥쳐올 일들에 대한 두려움 때문에 나의 한계를 완전히 무시해버렸다. 좋은 평판과 사무실의 화기애애한 분위기가 내 욕구보다 중요했었기 때문이다. 이 자리에서 나는 '다른 사람들이 도대체 나에 대해 뭐라고 생각할까?'라는 질문에 대한 정답을 말해주려고 한다. 나는 그 답을 찾아냈기 때문이다.

내가 털어놓고자 하는 첫 번째 비밀 한 가지는, 다른 사람들은 당신보다 그들 자신에 대해, 그리고 그들이 신경 쓰고 있는 주제에 대해 훨씬 더 많이 생각한다는 사실이다. 뭐라고? 우리가 좋은 인상을 남기려고, 아니면 다른 사람의 인정을 받으려고 얼마나 애를 많이 쓰는데, 우주가 우리를 중심으로 돌고 있는 게 아니라고? 그래, 나도 안다. 믿기 어렵겠지만 이는 대부분의 경우 사실이다.

두 번째 비밀은, 우리가 아무리 우리 자신의 욕구를 눌러가며 최선으로 행동한다고 해도 우리에 대한 다른 사람들의 생각 또는 호감 여부를 결정할 수 없다는 사실이다. 누군가가 당신이 게으르고 멍청하다고 생각하기로 마음먹으면, 당신이 어떤 노력을 기울이든 그 사람의 눈에는 당신이 그렇게 보일 것이다. 당신이 직장에서 좋은 성과를 보인다면 그 사람은 어쩌면 그것이 당신의 팀이 이룬 결과라고 생각하거나, 실제로 이룬 성과보다 부풀려진 결과라고 생각할 수도 있다.

그러므로 다른 사람들이 우리에 대해 어떻게 생각할지에 대해 걱정하는 것은 헛되고 무의미한 일이다. 이는 우리를 작아지게 만들고, 최악의 경우 이런 생각은 우리가 진심을 다해 인생을 살아가는 데 방해물이 되고 만다.

안타깝게도 나는 이 사실을 일찍 깨닫지 못해서 다른 사람들의 생각에 신경 쓰느라 지쳐버리곤 했다. 당신 스스로에게 큰 선물을 해주고 싶다면, 이러한 생각을 점점 더 머릿속에서 지워내는 연습을 하도록 하자. 다른 사람들보다 자신의 판단 기준의 가치를 높인다면 인생은 좀 더 수월해질 것이다. 그리고 다른 사람들과 관계에서 자기주도적으로 협력하는 데 도움을 줄 것이다.

이 주제와 관련하여 당신의 성찰을 도와줄 질문들은 아래와 같다.

- 당신의 동료나 상사들과의 협업은 잘 이루어지고 있는가?
- 기준이 분명하고, 선을 잘 그을 줄 아는가? 당신이 중요시하는 것들을 지킬 수 있는가?
- 아니면 다른 사람들의 마음에 들기 위해 노력하고, 트집 잡히지 않기 위해 최대한 단순하게 행동하는 데에 신경을 쓰고 있는가?
- 당신의 의견과 가치를 잘 대변할 수 있는가?
- 당신의 상대가 동료이든, 회사의 임원급이든 상관없이 건설적인 피드백을 주는가?
- 아니면 부정적인 피드백이라도 받을까 봐 최대한 눈에

띄지 않길 바라며 아무 말도 하지 않는 편인가?

● 협업이 이루어질 때 당신이 행동할 수 있는 폭은 얼마나 넓은 편인가? 매우 좁은가? 아니면 충분히 크고, 성장가능성과 변화, 다양성이 존재하는가?

위의 질문을 훑는 과정은 어땠는가? 이와 관련하여 생각을 좀 정리할 수 있었는가? 훌륭하다! 그렇다면 다시 한 번 아래의 눈금 위에 당신의 현재 상태를 표시할 준비가 되었을 것이다.

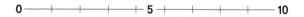

**10 =** 나는 동료와 상사들과의 협업을 할 때 나의 기준에 따르며 두려움과 불안정함 없이 그들과 일을 진행할 수 있다. 갈등이 생긴다면 해결할 수 있고, 피드백을 주고받는다.

**5 =** 몇몇 관계는 잘 끌어나갈 수 있지만, 다른 이들과

의 관계에서는 두려움을 가지고 있으며, 차라리 눈에 띄지 않기 위해 그들의 기준에 적응하고 만다. 이 부분에 있어서는 내가 좀더 나의 판단 기준에 맞게 행동할 수 있는 여지가 있었으면 좋겠다.

**0 =** 나는 다른 사람들의 눈에 띄지 않기 위해 노력한다. 문제 상황이 생기고 더이상 다른 사람들이 날 좋아하지 않게 될 수도 있다는 걱정이 너무 크다.

## 친구들과의 관계에서

친구들과의 관계에 대해 나는 수년 동안 완전히 오해하고 있었다. 내면의 무언가가 나로 하여금 내 친구들 모두의 마음에 들어야 한다고 믿게 만들었다. 그들의 비위를 맞춰주고, 전화로 몇 시간 동안이나 그들의 갈등과 이야기를 들어줘야 하고, 이사할 때마다 그들을 도와줘야 하고, 위기 상황에는 밤늦은 시각에도 그들에게 달려갈 수 있어야만 내가 진정한 좋은 친구라고 생각하게끔 만들었다. 나는 내가 견딜 수 있는 정도 이상으로, 친구들이 나의 욕구와 내

천성에 맞지 않는 일들을 하도록 내버려두었다. 나의 가장 가깝고 오래된 친구관계는 수년 동안이나 이러한 불균형적인 상태를 바탕으로 매우 잘 작동해왔으며, 나는 이것이 잘못되었다는 사실조차 인지하지 못했다. 내 사업을 시작하고, 이 친구들과 공간적으로 거리를 두기 시작한 이후에야 — 나는 3개월 동안 남편과 함께 테네리페(Tenerife. 스페인의 섬 — 옮긴이)에서 지냈다 — 이 관계가 지난 20년간 나를 얼마나 힘들고 지치게 만들었는지를 깨닫게 되었다. 그렇다, 정말 믿을 수 없겠지만 사실이다. 나는 20년 동안 이 관계를 지속했고 그들과 함께 했다. 항상 부정적인 피드백을 받을까 봐, 내가 친구, 사람, 나 자신으로서 잘못하고 있다는 말을 들을까 봐 두려워서 그렇게 했다. 남편은 그런 나를 보며 점점 더 자주 고개를 가로저었지만, 나로서는 거절당할지도 모른다는 그 두려움 때문에 관계를 이런 방식으로 지속해왔다는 사실을 깨닫기까지 오랜 시간이 걸렸다. 현재의 나는 주로 솔직한 교류, 서로 간의 차이, 성장에 기반을 둔 친구 관계를 맺고 있다.

- 당신과 친구들과의 관계는 어떠한가? 친구들과 있으면 편하고, 그들 앞에 당신이라는 사람 있는 그대로를 보여 줄 수 있는가? 좋은 것들, 드러내기 어려운 것들까지도?
- 아니면 그들의 마음에 들기 위해 당신이 어떤 역할을 해야 한다고 생각하는가?
- 친구들에게 당신의 한계를 보일 용기가 있는가?
- 무언가를 내어줄 수 없을 때 그럴 수 없다고 말하는가?
- 필요한 경우, 분명히 거리를 둘 수 있겠는가?
- 친구를 영영 잃게 될 것이라는 두려움 없이 그들과 부딪 치기도 하는가?
- 당신의 친구들과 있으면 자유롭고, 편안하고, 그들의 지지를 받고 있다고 느끼는가?
- 그들에게 받아들여지지 않을 수도 있다는 두려움 없이 성장하고, 자유롭게 행동할 수 있는가?
- 당신과 친구들과의 우정을 의심하게 되는 경우 없이, 필요한 경우에는 거리를 두고 당신의 친구가 거절을 해도 잘 받아들일 수 있는가?

여기에서도 자신의 위치가 어디인지 살펴보고 스스로에게 친구들과의 관계 형성에 있어 얼마나 자기주도적인지 솔직하게 물어보는 것이 의미가 있다. 질문들을 쭉 살펴보고 당신과 친구들과의 관계를 떠올려보자. 그리고 또 한 번 아래의 눈금에 적절한 숫자를 표시해보자.

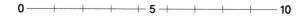

**10 =** 나는 친구들 사이에서 자유롭게 움직일 수 있다. 그들은 나를 지지하고, 내가 성장하고 변화할 수 있게 해주며 내 인생을 풍요롭게 해준다. 내 친구들은 너무 멋지다!

**5 =** 몇몇 친구들과의 관계는 훌륭하고 친밀하지만, 내가 스스로를 힘들게 바꿔가면서 맞춰줘야 하는 기분이 드는 친구 관계도 있다. 이 친구들 사이에 있으면 거절을 하거나 몇 가지 특정한 주제에 대해 이야기하는 게 어렵다.

**0 =** 나는 항상 내 친구들에게 맞추기 위해 내 의사표시를 충분히 하지 못한다. 친구들이 나를 좋아하지 않고, 받

아주지 않을지도 모른다는 두려움이 너무 크다.

## 연인, 가족과의 관계에서

나는 2011년에 변화를 위한 큰 세미나에 참가한 적이 있다. 그 곳에서 나는 열흘 동안 새로운 경험들, 대부분 나의 한계를 뛰어넘는 경험들을 했으며 내 삶에 대해 생각해볼 시간을 갖고 영감을 얻었다. 나는 집에 돌아와서 내가 겪은 새로운 경험들이 내 안에서 어떤 변화를 일으켰는지 남편에게 설명하는 데에 많은 어려움을 겪었다. 나는 갈등 상황을 피하면서도 어떻게든 내가 원하는 바를 명확히 전달할 수 있으리라는 희망으로 내 일기장을 오랫동안 들여다보았지만, 결국 성공하지 못했다. 그도 그럴 것이, 남편과의 관계와 가족과의 관계에서도 나의 공간을 확보하기 위해 정리하고 넘어가야 할 부분이 많았기 때문이다. 내가 변화를 가져오기 위해 말을 꺼냈을 때, 처음에는 몇몇 부분에서 타협 없이 대화가 끝나기도 했고, 이것 때문에 제대로 싸운 적도 있었다. 하지만 여기에 대해 너무 걱정할 필요는 없다. 양측에서 조금만 연습하고 나면 금방 또 적정 지점에서 균형이 잡히곤 하니까. 우리가 우리 스스로를 바꾸려고 마음을 먹고, 예전에는 '오케이'라고 답했던 부분에서 갑자기 선을 긋고 거절을 하면 당연히 상대방은 처음에 이것이 불편하다고 느끼고, 곧바로 좋게 받아들이지는 않을 수도 있다. 우리를 둘러싼 시스템(가족, 관계, 동료 등등)도 변화에 적응하고 새로운 상황에 맞출 시간이 필요하기 때문에 나는 용기 코칭을 받으러 온 사람들을 이에 대비시킨다.

만약 당신이 지금까지 배우자를 생각해서 혼자 여행을 간 적이 없지만, 한 번쯤 당신이 좋아하는 도시, 좋아하는 나라로 혼자 — 아니면 친구와 함께 — 여행을 가고 싶은 마음이 있어서 이를 배우자에게 제안한다고 해보자. 당신의 배우자가 이를 처음부터 기쁜 마음으로 바로 수락할 것이라고 기대해서는 안 된다. 당신의 이러한 변화는 상대로 하여금 큰 불안감을 야기할 수도 있기 때문이다. 그렇기 때문에 상대에게 당신이 왜 이것을 원하는지, 이를 통해 당신이 무엇을 얻고자 하는지, 왜 지금까지 그 이야기를 하지 못하다가 이제야 용기를 내는지, 그리고 당신도 상대방이 어떤 반응을 보일까 걱정과 두려움을 갖고 있다고 솔직히 털어놓는 것이 좋다. 당신의 파트너에게 당신이 보인 변화, 즉 이제야 자신의 욕구와 바람을 내보이게 된 당신에게 적응할 시간을 주도록 하자. 처음에는 당신 자신에게, 그리고 당신의 욕구에 '오케이'라고 말하는 것이 상대방의 입장에서는 자신에게 '노'라고 말하는 것으로 이해될 수 있다. 일단 시간이 지나고 경험이 쌓여야 — 예를 들면 혼자 여행을 다녀온 뒤 즐거운 마음으로 다시 돌아오는 등 — 상대방도 안심하고 당신의 새로운 행동방식에 적응할 수 있다.

세미나에 다녀온 뒤 몇 달이 지났을 때, 나는 남편과 언니와 외식을 하러 나갔다. 언니도 동일한 세미나에 참가하기 위해 등록을 마친 상태였기 때문에 내가 세미나에 참가한 이후 우리 커플에게 생긴 변화에 대해 궁금해 했다. 그리고 단지 내 의견만 묻지 않고 남편에게도 나의 변화를 느끼는지 물었다. 여기에 남편이 뭐라고 답했는지 아는가? "음, 처음에는 적응이 잘 안 됐는데, 지금은 예전보다 훨씬 편해졌어. 이제 본인이 무엇이 필요하고 무엇을 원하는지 분명하게 얘기하니까. 예전에 우유부단하게 우물쭈물 하던 때보다 훨씬 명료하고 이해하기가 쉬워!" 나는 당연히 남편이 이렇게 대답해줘서 매우 기뻤고, 동시에 다시 한 번 깨달았다. 연인과 가족과의 관계에서 용감하게 주도권을 쥐면 더 명료하고 솔직한 의사표시가 가능해지면서 그 관계에 속한 모든 당사자가 다들 여유를 조금씩 더 되찾을 수 있다는 사실을. 열린 마음으로 대하는 솔직한 관계, 서로의 가치를 소중하게 여길 줄 아는 관계가 이루어지고, 더이상 어떤 사람에게도 자신을 억지로 끼워맞추지 않아도 되면 모두가 인생에서 얻고자 하는 것들을 더 많이 얻을 수 있다.

- 내 이야기를 들으면서 이미 당신의 연인과의 관계나 가족과의 관계에 대해 생각해봤을지도 모르겠다. 어떤 부분에서 당신은 상대방을 위해 억지로 맞추게 되는가?
- 당신이 불쾌감을 일으키지 않기 위해, 또는 갈등을 유발하지 않기 위해 종종 말하지도 않고 필요한 것을 포기하게 되는 경우는 어떤 경우인가?
- 사랑과 소속감을 잃을까 봐 당신의 것을 하지 않게 되는 경우는 어떤 경우인가?

용기력 수업

- 당신의 진짜 모습대로 살 수 있는 용기를 내지 못할 때는 언제인가?
- 아니면 당신의 욕구에 대해 잘 알고 있으며 이를 이루기 위해 잘 나서는가? 당신은 연인과의 차이를 잘 인정하고, 서로 자유롭게 행할 수 있는 성숙한 관계를 맺고 있는가?
- 가족과의 관계에서 당신과 당신의 발전을 위한 여지가 있는가?

연인과의 관계와 가족이라는 주제는 분명 매우 어려운 주제이다. 특히 아이들이 있는 경우는 더욱 그렇다. 처음에는 물론 아이들이 우선시되어야 하고, 이 시기에 자신의 욕구와 바람은 조금 미뤄두어야 하는 것이 맞다. 하지만 아이들이 다 커서 독립할 때까지 한 쪽으로 미뤄두고 완전히 잊어버리는 것은 맞지 않다. 아이들은 비록 항상 곁에서 돌봐주기는 하지만 스스로의 행복과 자기주도성을 나중의 일로 미룬 부모들보다, 자신이 이루고자 하는 목표를 향해 달리며 행복하고 만족스러운 삶을 사는 부모 밑에서 자랄 때 더 좋은 영향을 받는 법이다.

당신이 이번 단락을 읽으며 했던 생각들, 가지고 있는 두려움과 걱정들, 새로 얻은 깨달음을 잘 적어두자. 얼마나 자기주도적이고 당신에게 맞는 삶을 살고 있는지를 나타내는 다음의 눈금 위에서 당신은 해당 삶의 영역과 관련하여 몇 점을 줄 수 있는가.

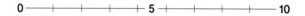

**10 =** 나는 연인과 가족들과의 관계를 나에게 맞게 형성해 나갈 수 있으며, 여기에는 내 욕구와 바람들을 위한 공간과 여지가 존재한다. 나는 그 안에서 발전하고, 성장하고, 스스로를 변화시킬 수 있다.

**5 =** 나는 연인과의 관계와 가족과의 생활에 있어 일부 영역에서는 뒤로 물러나 있고, 내게 필요한 공간을 차지하기 위해 선뜻 나서지 못한다. 일부 다른 영역에서는 꽤 잘할 수 있고, 내 뜻대로 관계를 형성해나가기도 한다.

**0 =** 나는 지속적으로 가족과 연인에게 나를 맞춰준다.

용기력 수업

그들이 나를 좋아하지 않고, 나를 받아주지 않을지도 모른다는 두려움이 너무 크다.

## 낯선 사람들과의 관계에서

나는 직업 때문에 참석해야 하는 행사에 혼자 가는 것을 좋아한다. 그 곳에서 나는 온전히 나일 수 있다. 나는 내 사업을 시작하고 처음으로 방문했던 행사를 아직도 기억한다. 내 이름이 새겨진 따끈따끈한 명함이 막 생겼을 때였고, 첫 상담프로그램들을 막 웹사이트에 게시한 뒤 쾰른에서 열린 연설행사에 참석했었다. 나는 그때 만나 관계를 맺었던 사람들의 덕을 지금까지도 보고 있다. 나는 그 당시 아무에게나 다가가서 말을 걸었고, 내 명함을 자랑스럽게 건네주었다. 나의 임무는 분명했다. 시장에서 성공적으로 입지를 다져서 드디어 내 심장을 다시 뛰게 만든 그 일을 해내는 것이었다. 그리고 기억하는가? 내 커리어와 관련된 것이라면, 나는 대부분의 일에 겁이 없어진다. 일단 질러보자, 이것이 내 신념이 된다!

하지만 사적인 맥락에서 열리는 파티나 클럽에 혼자 가는 것은 전혀 다른 문제이다. 그때는 오래 전 학창시절에 가졌던 두려움들이 바로 고개를 든다. 아무도 나와 이야기하고 싶어 하지 않으면 어떡하지? 그래서 저녁 내내 혼자서 있어야 하면? 거기까지 생각이 미치면 금세 또 나를 약하게 만드는 대화가 머릿속에 재생되기 시작한다. 그래서 개인적인 일로 혼자 집을 나서기로 결정을 내리면, 나로서는 이를 실행에 옮기기까지 언제나 어느 정도의 용기가 필요하다. 대부분의 경우 나는 이를 훈련으로 받아들이고 내면의 목소리를 무음으로 꺼버리고 그 길로 밖으로 나와 즐겁게 시간을 보내려고 노력한다. 그 결과가 어떠했냐고? 대부분의 경우는 성공적이고, 간혹 그렇지 않은 경우도 있지만, 이 역시 나를 강하게 만들고 나를 더 자유롭게 만들어주었다. 어쨌거나 마음만 있다면 파트너나 친구들 없이도 파티에 갈 수 있게 되었기 때문이다.

- 당신에게는 모르는 사람에게 접근하는 것이 수월한가?
- 혼자 영화관이나 극장, 파티에 가는 것이 어렵지 않은가?

용기력 수업

- 자신이 충분히 흥미롭지 않다거나 가벼운 대화를 잘 끌고 나가지 못한다는 걱정을 갖고 있는가? 그럼에도 불구하고 모르는 사람들이 모이는 자리에 혼자 참석하기도 하는가? 아니면 같이 갈 사람을 찾고, 누군가를 찾아야만 참석하는 편인가?

- 위의 질문과 연결된 질문인데, 혼자 가느니 차라리 내키지 않는 누군가와 같이 가는 걸 더 선호하는가?

- 혼자 길을 나서려고 할 때, 다른 사람들이 당신에 대해서 뭐라고 생각할지에 대한 걱정이 발목을 붙잡기도 하는가?

- 아니면 새로운 사람들을 알게 되는 게 좋고 혼자라서 느껴지는 자유로움이 좋아서 낮이든 밤이든 혼자서도 기꺼이 이러한 행사에 참석하는 편인가?

- 스스로에게 좋은 동반자인가? 혼자 있는 시간을 불안해하지 않고 잘 견딜 수 있는가?

이 중 어떤 질문에 고개를 끄덕이고 정확히 당신에 대해 묘사하고 있다는 느낌을 받았는가? 당신의 생각과 깨달음에 대해 적어보고 다음의 눈금에 현재 상태를 표시해보자.

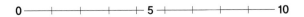

**10 =** 나는 혼자 행사에, 영화관에, 파티에 가는 것을 포함하여 기꺼이 이것저것 시도해보기를 좋아한다. 그렇게 함으로써 나는 내 삶을 내 판단에 근거하여, 필요할 때는 혼자서, 형성할 수 있다.

**5 =** 가끔씩은 내가 하고 싶은 것을 하러 혼자 나가기도 하고 자유롭다고 느끼지만, 가끔은 컨디션에 따라 그렇지 못할 때도 있다. 개선할 여지가 있다.

**0 =** 나는 파티나 행사에 혼자 참석하는 것과는 거리가 먼 사람이다. 다른 사람들이 나에 대해 뭐라고 생각할지 상상만 해도 매우 창피하다.

# 여행할 때

나는 항상 여행을 즐겨 하는 편이었지만, 주로 친구들이나 언니와 함께 가곤 했다. 가끔씩은 여행이 너무 즐거워서 더 오래 머물고 싶은 마음이 들기도 했다. 그래서 이미 해외에서 체류한 경험도 다수 있지만, 결국은 다시 쾰른으로 돌아오곤 했다.

내가 캘리포니아에 살면서 곧 다시 쾰른으로 돌아가야겠다는 결정을 내렸을 때, 내게는 아직 4주라는 자유시간이 남아 있었다. 그때 나는 태어나서 처음으로 혼자 여행을 했다. 와, 어찌나 좋은 경험이었는지. 나의 리듬에 따라 그날의 스케줄을 결정하고, 항상 내가 오늘 무엇을 경험하고 싶은지를 살피고, 완전한 자유와 넓은 공간을 누릴 수 있었다. 하지만 동시에 매일 용기를 내야 하는 일이기도 했다. 혼자 외출하고, 간혹 닥쳐오는 문제와 불확실함과 같은 도전에 혼자 직면해야 하고, 늘 혼자 책임을 져야 했기 때문이다. 가끔씩은 계속해서 새로운 사람들에게 다가가서 연락처를 주고받고, 아니면 저녁에 분위기가 어떨지 알 수 없는 바에 가는 것이 쉽지 않게 느껴지기도 했다.

그때 내가 내렸던 결론은 이것이다. 홀로 떠나는 여행은 자유롭고, 굉장히 큰 즐거움을 맛볼 수 있게 해준다. 같이 하는 여행은 다른 종류의 기쁨을 안겨주며, 나는 이 또한 좋아한다. 두 가지를 다 할 수 있다는 것은 자기주도적이고 용감한 삶을 사는 데 있어 숫자로 환산할 수 없을 정도로 가치 있는 일이다.

- 여행에 대한 당신의 의견은 어떤가?
- 당신이 방문하고 싶은 장소들을 여행하는가?
- 아니면 비행에 대한 공포나 같이 여행할 사람이 없다는 이유로 꿈의 여행지에 가지 못하고 있는가?
- 오래 전부터 세계여행 계획을 뒤로 미루고 있지는 않은가? 언젠가 하겠다고 말하면서?
- 당신은 사실 산을 좋아하지만 가족들의 요구에 맞춰주느라 항상 바닷가로 휴가를 보내러 가지는 않는가?
- 아니면 정기적으로 여행을 떠나 전 세계를 용감하게 누비며 새로운 나라와 그 나라의 문화를 체험해보는 편인가?

- 휴가기간 동안 제일 편한 침대가 있고, 당신이 좋아하는 것들이 모여 있는 집에만 있는 게 좋은 집돌이, 집순이인가?

- 당신의 목표가 무엇이든, 그것을 큰 고민 없이 하는 편인가?

- 아니면 의구심, 걱정, 두려움이 가로막고 있어서 이를 실행에 옮기지 못하고 있는가?

이쯤 되면 판단을 내리고 각 영역에 맞는 숫자에 표시를 하는 게 익숙해졌을 것이다. 당신에게 가장 적절하다고 생각되는 숫자를 아래 눈금에 표시해보자.

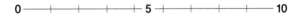

**10 =** 여행과 관련해서 나는 내 욕구에 충실하다!

**5 =** 반반이다. 가끔씩은 내 욕구에 충실하고, 가끔씩은 타협한다.

**0 =** 이 영역은 내가 가진 두려움 때문에 내 의지대로
끌고 나가기가 어렵다.

# 어디로 향해야 할까?

이제는 꿈을 꾸고, 소원을 말하고, 목표를
정할 때다.

이번 장에서는 당신의 꿈과 소원을 다시 꼼
꼼하게 들여다볼 것이다. 당신이 중요시하
는 가치도 행동과 욕구를 이끄는 데 중요
한 역할을 하므로 상세하게 살펴볼 것이다.

인생은 담력훈련을 하기에는 너무 짧다 —
그러므로 당신에게 의미가 있고, 당신의 행
동의 폭을 확장할 수 있는 한계에만 도전
하도록 하자.

올바른 방향으로 달려 나갈 수 있도록 당
신 삶에 대한 스스로의 비전을 발전시키자.

# 당신의 꿈은 무엇인가?

당신은 이제 당신의 삶에서 중요한 영역 몇 가지들을 살펴보았고 이에 대한 성찰을 했지만, 어쩌면 저 뒤에, 혹은 저 밑에 아직 당신의 소원, 당신의 꿈, 혹은 간절한 바람이 숨어 있을지도 모른다. 세계여행? 혹은 외국어 배우기? 탱고 수업 참여? 혹은 해외 이주? 아니면 당신의 우상을 만나는 것? 언젠가 큰 무대에 서보는 것?

나는 수년 전부터 자비네 아스고돔(Sabine Asgodom)의 책을 읽고, 그녀의 활동을 주의 깊게 지켜보고 있다. 그녀는 성공적이고 멋진 자기계발 코치인데, 어쩌면 당신도 이미 알고 있을지도 모르겠다.

나의 위시리스트에 적혀 있던 것 중 하나는 이것이었

다. '언젠가 자비네 아스고돔을 알게 돼서 그녀와 멋있는 대화를 나눠야지!' 그때는 사업을 시작한 지 얼마 되지 않았을 때였고, 나는 그때쯤 페이스북에서 나의 지인이 자비네와 같이 찍은 사진을 올린 것을 보게 되었다. 포스팅 내용으로 보아 그들은 잘 아는 사이 같았고, 곧 같이 식사를 할 계획이 있어 보였다. 나는 그 즉시 내 지인에게 메시지를 보내 나를 데려갈 수 없겠느냐고 물어보았다. 나는 그녀에게 내가 자비네의 엄청난 팬이고, 그녀와 같이 저녁을 먹을 수 있다면 뭐든 할 수 있을 정도라고 이야기했다. 왜인지는 모르겠지만, 결과는 성공적이었다. 그로부터 얼마 후 아스고돔 씨와 세 여성, 그리고 내가 한 호텔의 식탁에 앉아 함께 저녁을 먹었고 그 이후에도 시간을 함께 보냈다. 이는 내게 충분히 가치 있던 시간이었으며 나는 이로써 내 큰 소원 하나를 이룬 셈이었다. 그녀는 무대에서 강연을 할 때만큼이나 굉장히 호감이 가고 진정성 있는 사람이었다. 그러므로 스스로의 소원과 꿈을 알아차리고 이를 진지하게 받아들이는 것은 충분히 노력할 만한 가치가 있는 일이다. 이를 실천하고 경험할 수 있는 기회가 삶에서 자주 올 것이다.

이에 대한 몇 가지 질문을 통해 당신의 생각을 알아보자.

- 절대 잘못될 리 없다면, 당신은 무엇을 하고 싶은가?
- 누구도 알아차리지 못하리라는 보장이 있다면, 당장 무엇을 하고 싶은가?
- 당신의 세 가지 소원을 들어줄 수 있는 요정이 나타났다고 해보자. 하지만 이 소원의 기회는 오로지 당신을 위해서만 쓸 수 있다 ― 세계평화, 기아의 종식, 새로운 미국 대통령 같은 소원은 안 된다는 뜻이다. 그럼 어떤 소원을 빌겠는가?

이에 대해 당신의 생각을 적어보자. 그리고 이 과정에서 매우 엉뚱한 소원이나 바람들이 떠오른다 하더라도 일단 적어서 읽을 수 있게 하자. 진심을 다해 용기 있게 삶을 사는 것은 큰 꿈을 꾸고 이를 과감히 시도하는 것을 포함한다. 그것을 위해 우리는 이 세상에 태어났다. 모든 꿈이 현실에서 이루어지는 것도 아니고, 나중에 가서 보면 모든 꿈이 우리에게 옳았던 것도 아니다. 당장 모든 소원과 바람을 성취할 수 있는 것은 아닐지언정, 이를 시도하고 여기에 한 걸음 더 다가가기 위해 노력하는 것은 가치가 있는 일이다. 용기 있게 한 발짝 내딛을 준비가 되었다면, 당신은 적어도 당신의 행운을 맞이할 기회를 얻은 것이다.

# 당신의 인생에서

# 가치 있는 것은 무엇인가?

나에게는 위에서 관찰한 삶의 영역 외에도 인간으로서 방향을 설정하기 위한 중요한 토대가 한 가지 더 있다. 바로 우리의 가치이다. 우리는 우리가 중요시하는 가치에 따라 우리의 태도와 행동을 결정하게 된다. 만약 지금 하고 있는 일을 유지하기 위해 자신이 중요시하는 가치를 포기해야 한다거나 심지어 부정해야 한다면, 우리의 인생은 무척 어려워질 것이다.

가치는 우리가 하는 행동의 강한 동기가 될 수 있으며, 살아있는 가치는 우리에게 동기를 부여하고, 우리가 삶을 의미 있고 '가치 있는' 것으로 인식하도록 만들어준다.

용기력 수업

온 마음을 다해 인생을 살아내는 것, 내 삶의 진정한 기획자가 된다는 것은 내가 가장 중요시하는 가치가 무엇인지 알고 살아낼 수 있는 것을 의미한다. 당신의 가장 중요한 가치는 무엇인가? 이미 답을 알고 있는가? 아니면 지금부터 깊게 고민해보고 오랜 시간을 들여야 떠올릴 수 있는 것들인가?

그렇다면 내가 당신이 중요시하는 가치를 떠올릴 수 있도록, 그리고 어쩌면 이를 심지어 중요도에 따른 순서 — 적어도 어느 정도는 맞는 — 에 따라 나열할 수 있도록 도와주겠다.

아래에는 127가지의 가치와 동기요인들이 나열되어 있다. 더 있을 수도 있겠지만, 일단 현재까지 내 코칭이나 훈련 중에 고객들이 그들이 인생에서 중요하다고 답한 것들이다.

[ㄱ]

가족, 감사하는 마음, 감성, 개방성, 개인주의, 객관성, 건강, 결단력, 결정, 겸손, 겸허, 경쾌함, 공감, 공정함, 관대함, 관심,

관용, 교류, 권력, 규율, 균형, 근면, 기쁨, 끈기

[ㄴ]

낙천주의, 능력

[ㄷ]

다양성, 단결심, 독립, 동기부여

[ㅁ]

매력, 면밀함, 명민함, 모험, 목표지향성, 미학

[ㅂ]

박애, 배려

[ㅅ]

사랑, 상상력, 생명력, 생명욕, 생산성, 성공, 성장, 성취, 수용, 순결, 스포츠 정신, 신뢰, 신뢰, 신앙, 신의, 신중, 씩씩함

용기력 수업

[ㅇ]

안전, 안전, 안정성, 야망, 어린이, 연대감, 열정, 열정, 영성, 예의, 완벽성, 용기, 우정, 유머, 유연성, 의무, 의무감, 의미, 이상주의, 인내, 인식, 인정

[ㅈ]

자기, 자기계발, 자기규율, 자연, 자유, 재미, 절약, 정의, 정직, 정확성, 조화, 존경, 존엄, 존중, 지성, 지속가능성, 지혜, 직감, 진실성, 진정성, 질서

[ㅊ]

창의력, 책임감, 청렴결백, 축하, 충성, 친밀감

[ㅌ]

태연함

[ㅍ]

파트너십, 평온함, 평판, 평화, 품질

[ㅎ]

행복, 헌신, 혁신, 현실주의, 협력, 호기심, 호의, 화합, 확신,

확실성, 효과, 효율성, 희망, 힘

이제부터 아래 순서대로 해보자.

**1. 먼저 이 중에서 자신과 맞지 않는다고 생각되는 모든 가치/동기요인들을 지워나가자. 리스트에 없는 가치/동기요인이 있다면 물론 채워넣어도 좋다.**

**2. 최종적으로 10개가 남을 때까지 계속 선별한다. 몇몇 가치들은 보자마자 당신에게 근본적으로 중요하다는 느낌이 들 것이다. 당신의 선택을 믿고 직감을 따르자. 몇몇 가치에 대해서는 곰곰이 생각해봐야 할지도 모른다. 다음의 질문들이 도움이 될지도 모르겠다.**

● 인생에서 이 가치대로 살 수 없다고 할 때, 이 가치를 포함하고 있는 다른 가치가 있을 수 있을까? 예를 들어 평온함이라는 가치가 당신에게 중요한가, 아니면 당신은 자연 속에서는 어차피 평온함과 균형을 느끼기 때문에, 자

연이라는 가치가 더 필요한가?

● 직장이나 일상생활에서 이 가치대로 살 수 없다고 한다면, 그대로 계속할 마음이 그래도 생기는가?

**3. 자기주도적인 삶에 한 발짝 더 다가가는 중요한 단계가 남았다. 이 가치들이 정말 당신이 중요하게 생각하는 것들인지 다시 한 번 점검해보자. 다음의 질문이 도움이 될 것이다.**

● 당신이 고른 10개의 가치들을 들여다보자. 이 중에 당신의 어머니도 중요시할 만한 가치는 무엇인가? 당신의 아버지가 중요시할 만한 가치는? 당신의 애인 혹은 당신의 상사가 중요시할 듯한 가치는?

당신이 고른 가치들이 당신의 환경이나 가족과도 잘 맞아떨어진다면, 이는 당신이 주변의 환경이나 주요 인물들과 조화를 잘 이루고 있다는 뜻이거나, 그들과 함께 생활하고 협업하는 것이 가능하게끔 당신이 주변 사람들로부터 그 가치들을 가져왔다는 뜻이다. 만약 어떤 가치에 대해 이러한 의문이 든다면, 이 가치를 메모지에 적어 땅에 내려놓자. 그럼 이제 바닥에 내린 이 닻(코칭 용어로 해당 메모지를 이렇게 부른다) 앞에 서자. 당신의 몸을 피드백 도구로서 활용할 것이다. 그 가치를 한 번 크게 외쳐보고, 당신의 몸이 여기에 어떻게 반응하는지 살펴보자. 당신이 살면서 겪었던 여러 상황 속에서 이 가치가 당신의 행동과 결정에 어떤 영향을 미쳤는지를 떠올려보자. 그 느낌이 긍정적인가? 기쁜가? 에너지가 차오르는 기분인가? 아니면 힘든가? 불쾌한가? 어려운가? '그렇게 할 수밖에 없어!' 이런 생각에 가까운가?

이 과정에서 당신은 이미 이 가치가 당신에게 속하는지에 대한 답을 얻었을 것이다. 우리에게 속하는 가치들은 우리에게 동기부여를 하고, 긍정적인 느낌을 주고, 친밀감과 기쁜 마음이 들게 하는 반면, 우리가 의무감에 넘겨받은 가치들은 어렵고 불쾌하고 우리의 에너지를 빼앗아가는 기분이 든다.

이러한 방식으로 몇 가지 개념들을 더 지워야 할 것 같다면 전 장의 리스트를 다시 한 번 살펴보고 정말 자신에게 맞는 가치들을 찾아보자.

과제를 마치고 나면 당신의 앞에는 10개의 가치가 적혀 있어야 한다.

그럼 이제 이 연습에 대한 지침을 몇 가지 더 제시하려고 한다.

내가 상대적으로 엄격하게 적어놓은 것은 이 작업이 그만큼 당신의 용기근육 훈련을 위해 중요한 작업이기 때문이다. 이 과정을 위해서는 시간을 좀더 할애해도 좋다. 이 과제들은 며칠에 걸쳐 나눠서 해도 좋고, 아주 차분하게 각 단계 사이에 시간을 두면서 진행해도 좋다.

아니면 이 작업을 다른 누군가와 함께 해도 좋다. 전문 코치나 상담사를 고용하거나 당신의 애인이나 친구와 이 과정을 함께해도 좋다. 그렇게 되면 서로에게 질문하고 피드백을 주고받으면서 도움을 줄 수 있을 것이다.

# 담력 시험을 할 것인가,

# 아니면 용기 있는 삶을 살 것인가?

나는 강연에서 우리의 인생이 담력 시험을 하기에는 너무 짧으므로 좀더 의미 있는 한계를 극복하는 데에 시간을 써야 한다고 자주 이야기한다. 많은 사람들이 실제로 자신의 용기를 증명해보이려면 번지점프를 하거나 스카이다이빙이라도 해야 하는 것으로 잘못 이해하고 있기 때문이다. 물론 그러한 경험들도 참고적으로 활용한다면 더욱 용감한 삶을 사는 데 도움이 될 수도 있을 것이다. 일종의 의식처럼 경험하고, 이때 경험한 정신적인 것을 내가 일상에서 더욱 용감하게 대처하고 싶은 상황에 적용한다면 말이다.

하지만 대부분의 경우 사람들은 그렇게 하지 않는다.

이러한 담력 시험이나 아드레날린을 뿜어내는 경험들은 그 자체로 '그때는 내가 정말 제대로 용감했지!'라는 메시지를 담고 있어서, 좋은 이야깃거리나 강렬한 추억이 될지는 모르겠으나, 일상에서 정말 필요한 용기를 키워주지는 않는다. 높은 암벽에서 뛰어내릴 수 있었을지는 모르나, 여전히 시기를 놓친 연봉협상 얘기는 꺼내지 못하게 되는 것이다. 가장 높은 산은 올랐을지 모르나, 우리의 요구대로 인간관계를 풀어나가지 못한다. 가장 깊은 골짜기를 따라 빠르게 달릴지언정, 거절하고 싶을 때 거절하는 법은 배우지 못한 것이다. 바로 이러한 이유에서 나는 자신이 원하는 삶을 살지 못하게 만드는 일상생활에서의 한계가 무엇인지 정확히 파악해야 한다고 조언한다. 당신은 당신의 목표를 이루는 것으로부터 훼방을 놓는 대상에 더 집중하는 것이 바람직하다.

모든 과제를 성실하게 완료했다면, 지금쯤 분명 당신의 삶을 더 당신이 원하는 방향으로 이끌 수 있을 만한 주제들을 찾아냈을 것이다. 어쩌면 몇몇 삶의 영역에서는 당신 스스로와 당신의 요구에 가깝게 살고 있을지도 모른다. 하지만 나를 포함한 대부분의 사람들이 그렇듯, 성장과 개발, 변화가 필요한 영역도 있다. 이것이 바로 용기근육 훈련이 필요한 이유이다.

그렇다면 훈련의 다음 단계는 무엇일까?

# 당신이 극복하고 싶은 한계는 무엇인가?

앞서 남겼던 메모들을 가지고 당신의 삶의 영역에서 바꾸고 싶은 주제를 찾아보자. 임금인상이 필요한가? 아니면 또 한 번의 휴가? 당신이 원하는 대로 크리스마스를 보내고 싶은가? 거절하기? 아니면 꿈을 이루는 것?

각 삶의 영역의 주제당 하나의 목표를 설정해보자. 예를 들면 아래와 같은 방식이 될 수 있다.

**나는 혼자 도시를 여행하며 누구의 눈치도 보지 않고
모든 계획을 나의 리듬에 맞춰 짜고 싶다.**

중요한 것은 당신이 이것을 왜 원하는지, 무엇을 원하는지 검토하는 것이다. 이를 위해서 당신이 선별했던 가치

를 기준으로 삼을 수 있고, 여기에 따라 당신의 목표와 아이디어를 면밀하게 검토해볼 수 있다.

우리는 간혹 우리의 소원에 대해 생각할 때, 우리가 해야 할 일 또는 우리에게 일어나야 할 일을 외부의 목소리에 따라 착각해서 결정하는 실수를 저지르기도 하기 때문이다. 가끔은 멋져 보이고, 좋게 들리지만 실제로는 우리가 진정으로 원하는 것이 아닌 바를 소원하기도 한다. 위에서 들었던 예시에서도 진짜 도시에서의 여행을 원하는 것일 수도 있겠지만, 어쩌면 일상에서 외부에 의해 결정되는 것들이 너무 많아 이것이 '나와 내 요구에만 집중'할 수 있는 여건 조성에 대한 바람의 형식으로 표출된 것일 수도 있다.

만약 당신이 임금인상이라는 주제에 집중하기로 결정했다면, 아마도 당신이 중요시하는 가치 리스트에는 성공, 야망, 공정함이라는 가치가 포함되어 있을 것이다.

당신이 세우는 모든 목표와 당신의 모든 바람들은 리스트에 적힌 가치들로 설명이 될 수 있어야 한다. 만약 그렇지 않은 경우가 있다면 다시 한 번 자세히 들여다보자. 어쩌면 당신의 것이 아니라 '외부에서 온' 가치들이나 오래된 주제나 신념이 끼어든 것일 수도 있다. 그리고 당신은 분명 다른 사람들의 목표나 꿈을 이뤄주기 위해 이 책을 사지는 않았을 것이다. 당신의 목표와 꿈을 이루어야 한다!

당신의 목표를 모두 적고, 그 목표를 이루고 싶은 이유, 그러니까 그 목표를 통해 실현하고 싶은 당신의 가치까지 적었다면, 모든 목표를 읽었을 때 내면에서 긍정의 소리가 들려올 것이다. 그래, 내가 하고 싶은 게 이거야! 그리고 그 목표를 이룰 수 있을 거라는 생각이 들면 입가에는 가벼운 미소가 지어질 것이다. 여기서 다시 한 번 스스로의 몸이 보이는 시그널들을 피드백으로 활용해도 된다. 내면에서 명확하고 힘차게 그래!!! 라는 대답이 들리는 주제들만 모아서 용기근육 훈련을 시작하도록 하자.

# 삶에 대한 당신의 비전

때로는 명확하고 힘차게 긍정의 대답을 얻기 위해 좀더 많은 것들이 필요한 경우가 있다. 바로 이것이 실현되었을 때 가능해질 향후 삶에 대한 빛나는 비전이다. 이러한 경우 내가 야망이 있고, 공정한 보수를 받고 싶기 때문에 임금인 상을 드디어 실현시켜야겠다는 상상만으로는 자극을 받아 용기근육을 짜내어 힘을 내기에 충분하지 않다. 마음속의 장애물을 극복하고 용기를 내기 위한 더 큰 동기요인이 필요하다. 집을 사고 싶은 마음이면 될까? 세계여행의 꿈을 꾸어야 하는 걸까?

당신의 가치에 부합하는 목표를 잘 세웠음에도 아직 훈련을 시작할 만큼의 동기부여를 받지 못했다면 다시 한 번

종이 한 장과 펜을 꺼내들고 스스로에게 물어보자. 당신의 삶이 2년, 5년, 혹은 10년 후에 어떤 모습이었으면 하는가?

- 무엇을 경험하고 싶은가?
- 무엇을 이루고 싶은가?
- 연인과의 관계를 어떻게 발전시키고 싶은가?
- 커리어에서 무엇을 이루고 싶은가?
- 어떤 여행을 하고 싶은가?
- 어떤 나라들을 알고 싶은가?
- 죽기 전에 이루고 싶은 소원에는 어떤 것들이 있는가?

가끔씩은 죽기 전에 이 세상에 어떤 발자국을 남기고 싶은지에 대해 상상해보는 것도 의미가 있다.

이때 아름답고, 다채롭고, 즐겁고, 크고, 당신을 충족시키는 것들을 써내려가는 것이 중요하다. 그리고 어쩌면 한 번도 입 밖으로 꺼내보지 못했던 것들도 적도록(또는 그리거나 메모로 붙이도록) 해보자. 지금이야말로 그러한 용기를 낼 시간이니까!

다 됐나? 훌륭하다! 용기근육 훈련에 필요한 매우 중요한 부분을 마친 것을 축하한다. 모든 시작에는 많은 에너지가 필요한 법이므로, 부디 당신의 용감한 삶을 위한 이 첫걸음을 축하하길 바란다. 훈련을 시작하고 나면 항상 쉽지는 않겠지만, 어쨌거나 당신은 이미 첫 발을 떼었으므로 그보다는 어렵지 않을 것이다.

# 용기는
## 실행으로부터!

당신의 변화와 발전을 위해서는 오로지 하나의 정확한 속도와 정확한 순간이 있을 뿐이다. 그리고 이는 당신의 것이다.

여기서도 당신만의 척도를 갖도록 하자. 당신에게 맞는 계획을 세우면 목표를 달성하게 될 확률도 높아진다. 연습 자체뿐만 아니라 자축하는 것도 훈련의 중요한 부분이므로 잊지 말자. 축하는 스스로에 대한 보상인 동시에 새로운 습관이 더 잘 고정되도록 해준다.

"행복은 자유에 있고, 자유는 용기에 있다."
— 페리클레스

# 당신의 속도로, 당신에게 맞는 순간에

　남편과 함께 베를린에서 마운트 미테(Mount‒Mitte)라
는 훌륭한 액티비티 시설을 찾은 적이 있다. 이곳에는 자신
의 고소공포증을 단계별로 마주할 수 있는 시설이 준비되
어 있다. 고소공포증이면 내가 또 누구한테 뒤지지 않을 정
도로 많이 가지고 있다.

　남편은 내가 감히 엄두도 내지 못할 정도로 높은 시설
물을 기어오르고, 가장 높은 층에 걸려 있던 자동차에 앉아
사진을 찍을 때 나는 첫 걸음도 내딛지 못한 상태였다. 체
감상으로 첫 발을 뗄 때까지 30분 정도 걸린 것 같다. 고소
공포증을 상대로 한 긴 싸움이 시작되었고, 나는 속으로 각
종 주문을 외우며 오랜 인내의 시간을 보내고 나서야 굳어

버린 몸을 로프 위로 옮겨 놓을 수 있었다.

어찌됐든, 나는 해냈다. 두 걸음, 세 걸음, 그리고 네 걸음. 우리에게 주어진 시간이 끝나갈 때쯤 남편은 오를 수 있는 시설은 전부 오르고 탐험한 상태였고, 나는 첫 단계를 간신히 통과했다. 지금도 나는 내가 해냈다는 사실이 너무 뿌듯하다! 무엇보다 나 자신에게 무척 자랑스럽다.

나는 남편처럼 고소공포증이 없고 오르는 것을 좋아하는 다른 이들과 비교하지 않는 데에 성공했다. 나는 나 자신을 뛰어넘었고, 용기와 인내를 가지고 내가 가지고 있던 두려움을 극복했다. 이때 나는 정말 황홀한 기분을 느꼈고, 이 사실을 거의 한 달 동안 자축하며 만나는 모든 이에게 그들이 듣고 싶어 하는 말든 나의 이야기를 들려주었다.

나는 지금도 무대 위에서 이 이야기를 들려주는 것을 즐겨 한다. 그 시설물 위에서 아드레날린이 숏구치는 기분을 느꼈고, 그 순간 인생의 모든 도전과 용기근육 훈련이 바로 이런 식으로 작동한다는 사실을 뼛속까지 분명하게 깨달았다. 내면 깊숙한 곳에서 그래! 라고 외치는 목소리를 듣는 것과 자신의 입장을 고수하는 것이 중요하다. 첫 걸음을 내딛기까지 5분이 걸리든, 30분이 걸리든, 1시간이 걸리든 상관없다. 중요한 것은 그 길을 간다는 사실 그 자체이다.

우리는 우리가 언제, 어떻게 발전해야 하는지에 대해 외부로부터 너무 자주 이런저런 이야기를 듣게 된다. "이건 지금 당장 해볼 수 있겠다"와 같은 말들을 예로 들 수 있다. 좋은 의도를 가지고 하는 말들이겠지만 모두 잘못된 제안들이다. 거기에 얼마나 빨라야 하는지, 얼마나 성공적이어야 하는지, 얼마나 용감하고 과감하게 우리가 우리의 길을 가야 하는지와 관련하여 자기 자신으로부터 오는 많은 기대와 요구가 더해진다. 게다가 우리가 무엇을 반드시 이뤄야 하고, 미래에 커리어를 보장받기 위해 인생은 어떻게 살아가야만 하는지도.

당신에게 이렇게 외쳐주고 싶다. 당신에게 맞는 대로 해라. 다시 한 번 얘기하지만, 당신의 발전을 위해 당신에게 적합한 순간은 오로지 하나이며 그것은 당신의 것이다! 당신의 변화를 위해 당신에게 적합한 속도는 오로지 하나이며 그것 또한 당신의 것이다!

이 또한 자기결정과 관련이 있다. 우리는 스스로를 믿고, 우리가 필요한 시간을 가져야 한다. 나는 간혹 나 자신과 다른 사람들, 그리고 이 세상을 상대로 성급하게 굴 때가 있다. 나는 몇몇 변화의 과정에서는 꽤 속도를 냈다. 몇 가지 변화를 중점적으로 추진한 적도 있다. 그러나 어떤 분야에서는 용기를 내어 첫 걸음을 내딛기까지 길을 좀 돌아가야 할 때도 있었고, 일종의 활주로가 필요하기도 했다.

모든 이들은 각자 다른 도전과제에 직면해 있고, 이것은 겉으로는 확인되지 않는다. 이 말은 여기에도 적용된다. 중요한 것은 자신에게 맞는, 자신만의 속도를 갖는 것이다. 이를 기억한다면, 너무 빨리 패닉에 빠지거나 부담에 눌려 훈련을 중단하는 일은 없을 것이다. 우리 앞에 놓인 과제들에 접근할 때 스스로의 리듬에 맞춘다면, 결국에는 대부분 성공을 거두게 된다. 당신이 해야 할 한 가지는 언젠가는 첫 걸음을 떼고, 당신의 속도와 시간에 맞춰 계속 가는 것이다. 작은 걸음이라도 계속 걷고 있다면 언젠가는 목표에 도달할 것이기 때문이다. 정말이다!

# 매일 조금씩

# 더 용감하게

이제 당신은 용기 있는 삶을 살기 위해 필요한 모든 것에 대해 알게 되었다. 이제 용기를 발휘하고, 큰 목표에 도전하고, 당신의 꿈을 실현시키며 자기주도적으로 자유롭게, 그리고 행복하게 당신이 원하는 삶을 살기만 하면 된다.

당신은 당신이 현재 서 있는 위치를 파악했고, 이제 어떤 분야에서 개선의 여지가 있는지, 어떻게 하면 더 성장하고 용감해짐으로써 당신이 누릴 수 있는 것들을 온전히 누릴 수 있는지 정확히 알게 되었다.

당장 커다란 목표가 없더라도 훈련이 하고 싶을 경우를 위해 일상에서의 용기를 키우기 위한 용기근육 훈련 지침을 갖게 되었다.

두려움이 너무 압도적으로 커졌을 때, 이에 대처할 수 있게 해주는 유용한 셀프코칭 방법에 대해 배웠다.

당신의 도전과제와 장애물들을 정확히 파악하고, 그와 동시에 이에 대한 준비와 훈련단계를 개발하는 방법에 대해 알게 되었다. 그리고 철저한 준비와 가능한 훈련을 거친 다음에도 여전히 남아 있는 두려움과 걸림돌에는 어떠한 것들이 있는지 검토할 수 있는 방법을 배웠다.

좋은 실수문화를 연습할 수 있고, 더 많은 자기애를 가질 수 있도록 하는 연습방법과 명상법에 대해 배웠다. 이를 통해 삶 속에서 스스로를 어떻게 지지하고 잘 대해줄 수 있는지 알게 되었다.

당신의 길을 가도록 당신에게 영감을 주고 용기를 심어줄 수 있는 많은 사람들에 대해서, 그리고 그들의 이야기에 대해서 듣게 되었다.

내가 당신에게 권할 수 있는 마지막 한 가지는 당신의

개인적인 용기근육 훈련 계획이다.

다양한 사람들이 존재하는 만큼, 용기근육 훈련을 위한 계획 또한 매우 다양하다. 여러분 중 일부는 "나는 이제 아무것도 필요 없어. 이제 알겠어, 원리를 알았으니 이제 시작하고 실행으로 옮겨 보겠어!" 라고 말할지도 모른다. 다른 한편에는 체계적으로 접근하고, 계획을 세우는 방법이 있다는 사실에 대해 기뻐하고 있는 사람들도 있을 것이다. 어쩌면 당신도 계획과 시간에 따른 일정 없이는 시작하고 싶지 않고, 이 모든 프로그램의 핵심이 계획에 놓여 있다고 생각하는 사람일지도 모르겠다.

이 부분에 대해 어떻게 생각하든, 우선 이를 실행에 옮기는 법에 대해 다양한 아이디어를 발전시켜보자. 이 중에 당신과 가장 잘 맞는 접근방법이 있는지 한번 살펴보자. 계획을 세우는 과정이 추가적으로 애를 쓰거나 마치 숙제와 같이 여겨져서는 안 되고, 당신이 이뤄야 할 목표와 달성해야 할 성과를 가시적으로 만들도록 도와줄 수 있어야 한다. 그리고 물론 성공에 대한 축하도 잊지 않고 챙길 수 있도록 해줘야 한다.

## 즉흥적이고 직관적인 유형의 사람들을 위한
## 첫 번째 방법

당신은 용감해지고 싶고, 자신이 어떤 분야에서 개선의 여지가 있는지 잘 알고 있으며, 평소 일상 속에서 입장을 정해야 한다거나, 거절을 해야 한다거나, 갈등을 해결해야 한다거나, 연봉협상을 해야 하는 등의 도전과제에 직면하기 때문에 매우 즉흥적이고 직관적인 방법으로 훈련을 하고 싶은가?

그렇다면 간단하게 다음과 같이 해보자. 즉흥적인 방법이라고는 했지만, 그래도 4주 계획서를 한번 뽑아서 저녁마다 잠시 하루를 돌아볼 시간을 갖자. 당신이 무엇을 훈련했는지, 어떤 목표를 달성했는지, 혹은 실패했는지 짧은 키워드로 간단하게 남겨도 좋다. 아니면 훈련과 성과, 과정을 나타나기 위해 다음의 상징들을 활용해도 좋다.

- 나는 오늘 나의 용기근육을 훈련하였다.

- 나는 훈련에 성공했고 이에 맞게 스스로를 축하해주었다.

- 나는 책에 나온 과제를 수행했다.

- 나는 자기애를 위한 무언가를 했다(명상, 친절하게 대하기, 스스로에게 무언가 좋은 일 하기).

- 나는 나의 실수문화를 위한 무언가를 했다. / 나는 실패를 겪은 후 다시 일어났다.

여기까지가 내가 제안하는 아이디어의 일부이다. 저녁 시간에 어떤 부분을 되돌아보고 싶은지 살펴보고 이 상징들을 활용하여 기록을 남기거나 스스로의 상징을 만들어도 좋다. 당신의 주제가 어떤 것인지에 따라, 예를 들면 당신이 이날 당신의 선을 지키면서 어떤 제안에 대한 거절의사를 밝혔다면, 그에 맞는 특정한 상징을 표시해둘 수도 있다. 시간이 흐른 뒤 언제 어떤 훈련을 했는지 명확하게 확인할 수 있게 된다.

아니면 별이나 동그란 모양의 귀여운 스티커를 사서 이를 계획서에 붙여 보자. 여기서 핵심은 당신의 훈련과정과 성과를 반추해보고 기록을 남긴다는 데에 있다. 이로써 당신은

- 계속해서 배우고 성장할 수 있다.
- 이미 지나온 단계들은 어떤 것인지 알 수 있게 된다.
- 당신의 성과를 잊지 않고 축하할 수 있게 된다.

또한 새로운 습관들이 장기적으로 잘 자리잡을 수 있도

록 연습할 수 있고, 이를 점점 더 수월하게 적용할 수 있게 된다.

## 특정 주제를 위해 훈련하고 싶은 이들을 위한
## 두 번째 방법

특정 주제를 위해 하는 훈련에 용기근육 훈련 계획을 활용하고 싶은가? 그렇다면 다음과 같이 해보자.

먼저 '최악의 시나리오 연습'을 정확히 당신의 주제에 맞춰 진행한다. 당신의 머릿속에 떠오르는 모든 심각한 시나리오들을 적고 해독제 칸을 최대한 구체적으로 작성한다. 당신의 '최악의 시나리오'에서 작성한 표에서 해독제 칸에 적혀 있는 모든 것은 자기애를 위한 훈련 단계, 준비, 연습 또는 책에 등장하는 다른 유용한 아이디어나 연습이어야 한다.

이제 이 모든 단계들을 가지고 당신에게 맞는 시간에 따라 훈련계획에 나누어 적는다. 이때 지치지 않도록 숨고르기와 반성을 위한 쉬는 시간도 틈틈이 계획에 넣어야 한

| 1일 | 2일 | 3일 | 4일 | 5일 | 6일 | 7일 |
| 8일 | 9일 | 10일 | 11일 | 12일 | 13일 | 14일 |
| 15일 | 16일 | 17일 | 18일 | 19일 | 20일 | 21일 |
| 22일 | 23일 | 24일 | 25일 | 26일 | 27일 | 28일 |

매일 조금씩 더 용감하게

다는 사실을 기억하자. '강연하기'를 예로 들어 설명해보겠다. 강연날짜가 정해져 있다면 이 시점으로부터 거꾸로 계획을 세워볼 수 있겠다.

잘 준비하고 훈련했음에도 불구하고 강연이 기대한 만큼 잘 되지 않았을 때 누가 당신을 붙잡아줄 수 있는지, 스스로를 위해 어떤 좋은 일을 해줄 수 있는지도 같이 계획에 넣자. 축하하는 것 외에 그런 것들도 훈련에 포함된다. 마치 운동선수들이 시합에서 부상을 입은 뒤 물리치료를 받는 것과 같다.

그리고 그 전까지 강연이나 발표에 대해 두려움을 가지고 있다가 이제 막 발표를 해낸 분들은 ─ 그 내용이나 연출 방법, 맥락이나 청중의 수와는 상관없이 ─ 피드백이나 결과에 연연하지 말고 그러한 용기를 냈다는 사실에 대해 축하하도록 하자. 정말 중요한 한 가지는, 그것을 해냈다는 사실만으로 당신은 슈퍼스타나 다름없다는 것이다!

이 계획은 잘 보이는 곳에 걸어두고 저녁마다 각 과정이 어떻게 진행되었는지를 확인하는 용도로 쓸 수 있다. 자기애를 위한 명상이나 연습을 어떤 시간 단위에 맞춰서 진

같이 적어두어야 할 것들: 무언가 잘못됐을 때, 누가 나를 잡아줄 수 있는가? 어떤 자료들을 참고할 수 있는가? 나를 위해 어떤 것을 할 수 있는가?
이 모든 것들이 말하자면 당신의 **조커**이다. 계획에 같이 포함시키거나 이 아래에 적어두도록 하자.

| 1일 | 2일 | 3일 | 4일 | 5일 | 6일 | 7일 |
|---|---|---|---|---|---|---|
| 강연 초안 작성하기 | 자기애를 위한 명상/연습 | 강연 처음부터 끝까지 자유롭게 말하며 연습하기(연습하는 시간에 주의할 것) | 강연과 청중의 반응을 시각화하고 셀프 코칭 방법을 통해 흥분 조절하기 | 강연 처음부터 끝까지 자유롭게 말하며 연습하기(연습하는 시간에 주의할 것) | 강연과 청중의 반응을 시각화하고 셀프 코칭 방법을 통해 흥분 조절하기 | 휴식, 한 주를 돌아보고 성과를 축하하기. 스스로에게 보상해주자! |

| 8일 | 9일 | 10일 | 11일 | 12일 | 13일 | 14일 |
|---|---|---|---|---|---|---|
| 강연 계획 완성하기/ 시각화하기 | 강연 때 입을 옷 고르거나, 입어보거나 쇼핑하기 | 아직도 흥분. 걱정되거나 긴장하게 만드는 요소는? 셀프 코칭 방법을 통해 개선할 것 | 팀 미팅 때 새로운 프로젝트 소개하기 | 자기애를 위한 명상/연습 | 친구 앞에서 강연해보기 | 휴식, 한 주를 돌아보고 성과를 축하하기. 스스로에게 보상해주자! |

| 15일 | 16일 | 17일 | 18일 | 19일 | 20일 | 21일 |
|---|---|---|---|---|---|---|
| 강연계획 출력/큐카드 준비하기 | 아직도 흥분. 걱정되거나 긴장하게 만드는 요소는? 셀프 코칭 방법을 통해 개선할 것 | 휴식시간을 갖고 벌써 많은 훈련 연습. 준비한 것에 대해 축하하기 | 연설가 행사(토스트 마스터즈 팟캐스트)에서 발표 하나 하기 | 강연 처음부터 끝까지 자유롭게 말하며 연습하기(연습하는 시간에 주의할 것) | 친구의 생일파티에서 짧은 축사 또는 건배제의 하기! | 휴식, 한 주를 돌아보고 성과를 축하하기. 스스로에게 보상해주자! |

| 22일 | 23일 | 24일 | 25일 | 26일 | 27일 | 28일 |
|---|---|---|---|---|---|---|
| 아직도 흥분. 걱정되거나 긴장하게 만드는 요소는? 셀프 코칭 방법을 통해 개선할 것 | 자기애를 위한 명상/연습 | 하루 동안 강연 처음부터 끝까지 세 번 자유롭게 말하며 연습 셀프코칭 활용 | 하루 동안 강연 처음부터 끝까지 세 번 자유롭게 말하며 연습 셀프코칭 활용 | 결전의 날이 다가왔다. 스트레스 적게 받고 강연에 집중할 것 | 축하! 축하! 축하! | 되돌아보기: 성공한 것은? 다음에 다르게/더 잘 하고 싶은 부분은? 배운 점은? |

행할지 같이 적어둬도 좋다. 계획서가 어떤 형태를 띠고 있는지 보여주기 위해 도표를 첨부한다.

## 계획과 체계를 좋아하는 이들을 위한
## 세 번째 방법

이 방법은 지금 당장은 훈련하고 싶은 구체적인 주제가 없지만, 자기주도적 삶을 위해 일상 속의 용기를 훈련하고 싶은 이들을 위한 선물이다. 훈련과제로 가득 찬 4주 동안의 용기근육 훈련 계획이다. 이것을 인쇄하고 잘 보이는 곳에 걸어두면 매일매일 훈련을 위한 자극을 얻을 수 있다.

| 1일 | 2일 | 3일 | 4일 | 5일 | 6일 | 7일 |
|---|---|---|---|---|---|---|
| 최소 세 명에게 칭찬 건네기 | 자기애를 위한 명상/연습 | 세 명의 낯선 사람들에게 미소 짓기 | 혼자 영화관에 가기 | 지금까지 해본 적 없는 무언가를 해보기 | 삶에 대한 당신의 비전은 무엇인가? | 휴식! |

| 8일 | 9일 | 10일 | 11일 | 12일 | 13일 | 14일 |
|---|---|---|---|---|---|---|
| 잘못될 일이 없다면, 어떤 것들을 해보고 싶은가? | 책, 핸드폰 없이 혼자 외식하기 | 자기애를 위한 명상/연습 | 당신의 꿈은 무엇인가? | 8일째에 작성한 리스트에 적힌 무언가를 해보자 | 어떤 일에 거부의사를 표시하고 그 의견을 유지하자 | 지금까지의 훈련은 어땠는가? |

| 15일 | 16일 | 17일 | 18일 | 19일 | 20일 | 21일 |
|---|---|---|---|---|---|---|
| 휴식! | 당신의 인생에서 가치 있는 것은 무엇인가? | 누군가에게 도움을 요청해보자. | 자기애를 위한 명상/연습 | 지금까지 해본 적 없는 무언가를 해보기 | 오늘은 무엇을 축하하고 싶은가? | 휴식! |

| 22일 | 23일 | 24일 | 25일 | 26일 | 27일 | 28일 |
|---|---|---|---|---|---|---|
| 당신의 강점과 힘의 원천은 무엇인가? | 행사에 참석하여 낯선 이들과 대화하기 | 8일째에 작성한 리스트에 적힌 무언가를 해보자 | 자기애를 위한 명상/연습 | 지금까지 해본 적 없는 무언가를 해보기 | 당신이 현 상태를 수치화했던 눈금을 다시 들여다보자. 과거와는 다른 점수를 줄 수 있겠는가? | 그대는 슈퍼스타! 축하하지! 축하하지! 축하하지! |

# 축하하는 것을 잊지 말자!

부디 축하를 잊지 말자. 요즘의 우리는 너무 바쁘고, 스스로에게 많은 기대를 하고, 항상 무언가 해야 한다는 느낌을 받으며 살아간다. 더 빠르게, 더 멀리, 더 높이!

그래서 자주 우리가 이미 이룬 것들을 잊어버리고 그 가치를 충분히 평가해주지 않는다. 혹은 아직 완벽하지 않아서 칭찬을 받을 만한 수준이 아니라고 생각한다. 아니면 충분히 힘들지 않아서, 아직 그 목표를 위해 더 땀을 흘려야 하기에 크게 애를 써야만 축하받을 수 있고 칭찬을 받을 만하다고 생각한다. 틀렸다! 나에게는 스스로를 돌보고 자기 자신을 사랑하는 것에, 자신이 이룬 것에 마땅한 축하를 하는 것도 포함된다. 어떤 수준이 받아 마땅한 축하인지는 매우 개별적이고 다양할 수밖에 없다. 그리고 축하해야 한다는 의미가 반드시 무언가를 사고, 술을 마시라는 뜻은 아니다.

나에게 축하란, 예를 들자면 나의 기쁨을 사람들과 나누고 내가 이룬 성과에 대해 이야기하는 것이다. 혹은 하루 동안의 자유를 누리거나, 마사지를 받거나, 음악을 틀어놓고 집에서 조촐한 댄스파티를 여는 것이다.

축하하는 것을 잊지 않도록 지금 당장 펜과 종이를 꺼내서 당신이 스스로에게 보상할 수 있는 방법을 최소 열 가지 적어보도록 하자. 아이디어를 제공하기 위해 나의 리스트에서 예시를 들자면 다음과 같다.

- 춤추러 가기/사무실에서 댄스파티 벌이기
- 내 친구 필리페와 함께 맛있는 음식 먹으러 가기
- 내 친구 에바와 기쁨을 나누기
- SNS를 통해 친구들에게 나의 성과에 대해 알리고, 그들한테서 나를 웃게 만드는 다양한 이모티콘과 바보 같은 대답 듣기

- 마사지 예약하기
- 좋은 바디오일 구매하기
- 할 일은 많지만 낮잠 자기
- 할 일은 많지만 퇴근하기
- 초콜릿 먹기
- 새 향수 구매하기
- 남편에게 나의 성과에 대해 이야기하고 날 자랑스러워하는 모습을 지켜보기

당신의 리스트가 길면 길수록, 리스트에 적힌 것들이 좋으면 좋을수록, 당신은 당신이 이룬 성과를 축하하는 것을 잊지 않게 될 것이다. 보상을 받으면 우리 몸은 행복감을 불러일으키는 물질을 쏟아내고 우리는 더 만족스러운 기분을 느끼게 되어 특정 행동을 긍정적인 결과와 더 잘 연결시킬 수 있게 된다. 이로써 뇌에는 새로운 신경 경로가 놓이게 되고, 그러면 지금은 적응되지 않은 새로운 행동이라 하더라도 나중에는 자연스럽게 흘러가서 훨씬 더 수월하게 행할 수 있게 될 것이다. 결과적으로 시간이 흐름에

따라 점점 더 많은 자신감을 얻게 되고 스스로가 얼마나 멋
진 사람인지 더 잘 바라볼 수 있게 될 것이다.

# 자유 - 온 마음을 다해 사는 삶

자신의 마음을 표현하고 그에 따라 사는 것, 내 가슴을 움직이고 나를 정말 웃게 만들어주는 바로 그것을 하는 것, 진짜 내가 되는 것 ― 나에게는 이 모든 것들이 매우 오랜 시간 동안 불가능했다. 이것이 가능해질 때까지 나는 오랜 과정을 겪었다. 위기와 질병을 극복하고, 오래된 상처를 놓아버리고, 나와 내 발전에 도움 되지 않는 사람들로부터 멀어지고, 많은 교육, 코칭, 치료와 성격개발을 위한 도구의 도움을 받았다. 나는 가끔씩 내가 건강해지고 힘을 얻기 위해 이 분야가 제공할 수 있는 모든 것을 시도해봤다는 생각이 든다. 가장 큰 동기부여가 됐던 것은 물론 탈모라는 나의 질병, 내 곱슬곱슬한 머리카락을 다시 되찾고 싶다는 바람이었다. 하지만 그것 외에도 또 다른 무언가가 있다고 느꼈고, 이 무언가는 언제나 그 자리에 있던 것처럼 느껴졌다. 이는 아마 우리 모두가 갖고 있는 마음일 것이다. 바로 치유, 사랑, 그리고 자유에 대한 깊은 갈망이다. 자유로운 선택을 할 수 있길, 나의 결정을 온전히 내가 내릴 수 있길, 등과 가슴을 활짝 펴고 진정성 있게 내 마음이 시키는 대로 살 수 있게 되길 바라는 마음 말이다.

멋진 브렌 브라운의 책《마음가면(Daring Greatly)》과 그녀가 내린 용기에 대한 정의를 읽었을 때, 나는 마치 훌륭한 선물을 받은 것 같았다. 그녀는 용감하게 자신의 취약성, 부끄러움, 결점을 드러내 보이는 사람들을 가리켜 '온 마음을 다해 사는 사람들(Wholehearted People)'이라고 부른다.

나는 이를 바탕으로 몇 년간 내가 생각하는 용기 있는 삶의 개념을 발전시켰다. 아래 적어둔 글은 나로 하여금 내가 매일 용기근육을 훈련하도록, 도전과제들을 받아들이도록, 내게 속한 모든 것을 통해 나 자신을 드러내도록 해준다. 말하자면 나를 위한 내면의 나침반 같은 존재이다. 이 글이 당신에게도 동기를 부여해주고, 당신이 매일 더 진정한 자기의 모습에 가까워질 수 있게 해주며, 당신이 자기 자신을 믿고 더 나아가 자신을 넘어 성장하여 지금 당신이 상상하는 것보다 더 크고 강해질 수 있게 되기를 바란다.

**용기 있는 삶이란 온 마음을 다해 사는 삶이다.**

즉, 관중석에 앉아 있는 것이 아니라 어떤 가면도, 투구도 쓰지 않은 채 실제 삶이라는 경기장에 서는 것이다.

당신을 이루고 있는 모든 것을 통해 당신을 드러내는 것이다. 여기에는 당신이 가진 재능과 능력, 당신의 기쁨, 당신이 해낼 수 있는 것뿐만 아니라 당신이 아직 잘하지 못하는 것, 당신의 그늘과 상처, 당신의 고통과 결점까지도 포함된다.

그리고 당신이 정말 모든 것을 시도할 수 있도록 허락해 줌으로써 실패하고 넘어지기도 하고, 다시 일어나서 시도할 수 있도록 하는 것이다.

나는 이 글에서 진정한 삶, 완전한 자유의 맛을 느낀다. **자유롭게**, 큰 꿈을 꾸고, 큰 목표에 도전하는 삶. **자유롭게,** 이제 더이상 다른 사람들의 리듬에 맞춰 춤추지 않고 진실을 말하고 그에 따라 사는 것. **자유롭게,** 이 세상에서 가능한 한 자기주도적이고 행복한 삶을 살 수 있도록 나의 것을 하며 사는 것.

그러니 지금부터 달려가 자유를 쟁취하도록 하자. 그 자유는 용기 바로 뒤에 서서, 지금 당신을 기다리고 있다!

# 머리카락 문제에 대해

— 원형탈모증(Alopecia Areata)

2010년에 원형탈모증 진단을 받았을 때, 나는 이와 관련된 모임이나 다른 사람들과의 교류에 별로 흥미가 없었다. 당장 나에게 닥친 이 비극에 너무 빠져 있었기 때문이다. 그러나 지금은 독일의 원형탈모증 협회 활동에 참여하고 있고, 매년 열리는 회의의 사회도 맡고 있다. 이것은 처음에는 그저 일반적인 업무로 맡기 시작한 일이지만 지금은 내게 매우 중요한 일이 되었다. 그렇게 해서 나는 탈모증을 겪고 있는 당사자들과 지속적으로 연락을 주고받게 되었고 다음의 질문을 자주 받는다. "탄야 씨, 어떻게 해서 머리가 다시 나게 만들었어요?"

내가 만약 머리를 다시 나게 만들 수 있는 비법을 가지고 있다면 모든 환자들과 이 비법을 공유하고 싶다. 탈모증은 '단지' 머리카락에 국한된 질병이고 생명을 위협하는 문제가 아니긴 하지만, 오늘날과 같이 외모가 중요한 세상에

용기력 수업

서는 꽤나 견뎌내기 어려운 병이기 때문이다. 특히 탈모증을 겪고 있는 아이를 둔 부모나 그것을 겪고 있는 아이들에게는 이와 관련된 모든 상황을 견뎌내고, 이 커다란 과제 앞에서 좌절하지 않는 것 자체가 엄청난 도전과제처럼 여겨질 것이다. 또 여성들에게 머리는 매우 중요한 역할을 하며, 여성성을 드러내는 핵심적인 상징과 같은 것이기 때문에 머리카락을 잃는 것이 더욱 더 힘들게 느껴질 수 있다.

지금까지 실제로 연구된 결과는 탈모증이 유전적인 요인에 의해 결정되며, 아마도 수세기 동안 계속 존재해왔다는 사실뿐이다. 어떤 요인에 의해 발병되는지에 대해서는 아직 알려진 바가 없다. 스트레스로 인해 생길 수도 있지만 반드시 그런 것은 아니라고 한다.

나는 완전한 탈모를 겪었다가 다시 원래의 상태로 돌아온 소수의 사람들을 알고 있다. 몇몇 사람들은 그 질병이 발생한 원인이 될 만한 계기가 분명히 있었다고 말한다. 다른 사람들의 경우 탈모 증상이 슬며시 생기기 시작해서 시간이 지날수록 점점 더 심해졌다고 말한다. 그들의 이야기, 그들의 삶, 그리고 이 질병에 대한 대처는 모두 개별적이고 다른 모습이었다.

현재로서는 이 질병에 대해 공식적으로 발표된 치료법이 없지만 그래도 다시 건강하게 자신의 머리카락을 되찾은 사람들이 있다. 인생을 살다 보면 이보다 더한 일도 겪게 된다. 왜 하필 당신이 이런 질병에 걸리게 된 거냐고? 누가 알겠는가! 우리는 인생을 살면서 간혹 우리가 원인을 설명할 수 없는, 그렇다고 해서 다시 무를 수도 없는 카드를 뽑기도 한다. 그래도 우리가 결정할 수 있는 것은 손에 쥐고 있는 이 카드를 처리하는 우리의 방식이다. 마음에 들지 않는 한 장의 카드만을 바라보면서 우리의 삶을 여기에 맞출지, 혹은 이 한 장의 카드를 삶이 우리에게 선물한 다른 알록달록한 카드들과 섞은 뒤 그 안에서 가능한 최고의 결과를 뽑아낼지, 이는 전적으로 우리에게 달려 있다. 동시에 이것만이 우리가 자기주도적으로 삶을 계속해서 살아갈 수 있는 길이기도 하다.

패닉과 고통, 분노와 슬픔, 좌절을 겪은 이후에야 나는 내가 겪었던 이 질병을 내것으로 받아들였다. 나아가 이 질병이 내 인생에 긍정적인 자극을 주고, 카드를 새로 섞어

놀이규칙을 다시 짤 수 있게 만들어준 기회이자 선물이라고 여길 수 있게 되었다. 내가 지금까지 민머리로 다녀야 했어도 이와 같은 마음가짐을 유지할 수 있었을까? 어쩌면 그럴 수 있었을지도, 어쩌면 아닐지도 모른다. 그 답은 아무도 모른다……. 여기에 당신을 도와줄 수도 있을 만한 몇 가지 제안들을 나열해보겠다.

전문가나 코치와 상담하는 등 당신을 잘 도와줄 수 있는 사람을 찾아 조언을 구하라. 당신이 이 질병에 대처하는데 도움이 될 만한 방법에는 무엇이 있는지 알려줄 수 있고, 인생과 질병 전반에 대해 전문적으로 의견을 나눌 수 있는 사람이 필요하다. 또 대부분의 경우에는 환자의 가족과 친구들도 환자 본인만큼이나 힘든 시기를 겪고 있기 때문에, 이야기를 나누려면 같은 질병을 겪고 있는 사람이나 어느 정도 호전이 된 사람들과 나누는 것이 더 편하게 느껴질 것이다.

또 좋은 의사를 찾아가고, 필요한 경우 대체 의학도 시도해보자. 이 증상을 타인에게 얼마나 드러내기로 마음먹었는지, 당신이 가지고 있는 치료 예산은 얼마인지에 따라 당신에게 좋은 방법이나 효과가 있는 방법이 있는지 찾아보는 것이다.

머리부터 발끝까지 검진을 받아보면 혹시 결핍이나 호르몬 불균형 때문에 생기는 탈모인지 확인할 수 있고, 분산형탈모와 원형탈모를 구분할 수 있다.

소위 말하는 윙웨이브 코칭이 이 질병에 대한 대처를 좀더 수월하게 만들어줄 수도 있다. 스트레스와 패닉은 당신에게도, 당신 주변의 사람들에게도 아무 도움이 되지 않는다는 사실 한 가지는 분명하기 때문이다. 인생의 도전에 직면할 때 여유를 가지면 가질수록 우리는 여기에 더 잘 대처하고 위기를 잘 극복할 수 있게 된다.

인생의 어떤 부분에서 자기 자신과의 대화가 잘 이루어지지 않는지 스스로에게 물어보자. 당신이 솔직하게, 자신의 욕구대로 살지 않는 부분은 어디인가. 어떤 부분에서 당신이 원하는 만큼 행복하지 않고, 기쁘지 않은가. 이 질문에서 얻은 답을 진지하게 받아들이고 스스로를 위해 무언가 좋은 것을 해주자.

"그런 코칭은 꽤 비싸기도 하고, 건강보험을 통해 처리할 수도 없잖아." 혹은 "도움을 받는 비용이 아프리카 여행만큼이나 비싼데, 그럼 차라리 휴가를 내고 말지." 나는 이와 같은 말들도 종종 듣게 되는데, 매우 중요한 문제이니만큼 이에 대해 해주고 싶은 말이 있다. 우리가 스스로의 발전, 우리의 안위, 우리의 건강, 이로써 얻을 수 있는 인생의 행복에 하는 투자는 우리가 할 수 있는 가장 바람직한 투자이다. 그 대상이 어떨 때는 오랜 시간 기다려온 휴가나 세계여행이 될 수도 있고, 어떨 때에는 코칭이나 교육, 아니면 접골사를 찾아가서 받는 치료비용이 될 수도 있다. 당신에게 어울리는 실행가능한 대상이 무엇인지는 당신이 결정하면 된다. 다만 한 가지 사실만은 분명하다. 그 돈이 건강보험으로 처리가 되든 안 되든, 세금 공제가 되든 안 되든, 당신 스스로에게 하는 투자보다 더 나은 투자는 없다.

당신에게 좋은 일들이 일어나길, 당신이 풍성한 머리카락과 유머 그리고 용기를 갖길, 그리고 당신이 가진 인생의 카드로 최고의 것을 만들어내길 바란다.

— 당신의 탄야가

# '힘들어도 용기를 잃지 마',

# '용기를 갖고 힘을 내!'

살면서 도전적인 상황에 직면하거나 위기를 겪을 때, 혹은 두려움이 앞서는 변화를 앞두고 있을 때 우리는 종종 이런 말을 하거나 누군가로부터 이런 말을 듣는다. 모두 좋은 의도가 담긴 말이고, 그렇게 하는 게 맞는다는 걸 알지만 사실 이런 말을 듣는다고 해서 용기가 생기지는 않는다. 오히려 곱씹다보면 막막해지면서 이런 생각이 든다. 용기가 도대체 뭐지?

누구나 용기 있고 당당한 사람이 되고 싶어 하지만, 우리는 어떻게 용기를 내야 하는지에 대해 배운 적은커녕 그런 방법이 있다는 사실을 들어본 적도 별로 없다. 용기도

근육처럼 키울 수 있다는 이야기는 더욱더 생소하다. 그보다 용기라는 덕목은 사람마다 각자 타고난 정도가 정해져 있다고 생각하는 게 더 일반적이다.

그렇게 생각하는 이들을 위해 저자는 용기에 대한 사람들의 편견을 깨고, 용기 있는 사람들의 정의부터 다시 내린다. 저자 본인의 솔직한 이야기를 풀어나가며 용기 있는 사람들이 따로 정해져 있는 것이 아니라, 용기는 근육과 같아서 저마다 자신만의 방법으로 훈련하면 전보다 용감해진 자신을 발견하게 될 것이라고 말한다. 또한 사람마다 어렵다고 느끼는 대상은 다를 수밖에 없기 때문에 자연스럽게 용기를 발휘해야 하는 순간도 저마다 다르다고 설명하며, 그렇기 때문에 남들과의 비교를 멈춰야 한다고 역설한다.

책을 번역하는 과정에서 나의 경험도 많이 떠올리게 되었다. 스스로가 겁 없는 사람이라고 생각해 본 적은 없으나, 그렇다고 딱히 겁이 많은 사람도 아니라고 여겼기 때문에 예전에는 용기에 대해 깊게 고민해 본 적이 없다. 그런데 저자의 생각을 읽고 옮기고 나니 내가 일상에서 겪는 크고 작은 어려움 중 꽤 많은 부분들이 용기를 키우면 해결이 되는 문제들이었다는 생각이 든다. 그동안 이런 상황에 처했을 때 다른 원인들에 대해서만 생각했지, 용기가 필요하다고 생각하지 못했던 건 나 또한 무의식중에 용기는 크고 대단한 일을 할 때 필요한 것, 그리고 사람마다 이미 타고난 정도가 정해져 있어서 후천적으로 많이 달라지지 않는 것이라는 생각이 깔려 있었던 것 같다.

이 책은 나에게도 이런 생각을 깰 수 있는 계기가 돼 주었다. 아무쪼록 많은 사람들이 이 책을 통해 용기에 대해 더 깊이 생각해 볼 기회를 갖고, 전보다 용기 있는 사람이 되어 자유롭고 행복한 사람에 가까워지길 바란다.

— 옮긴이 박은결

# 용기 관련 명언 모음

행동의 시작은 용기요, 끝은 행복이다.
데모크리토스(Democritus)


자신이 무엇을 해낼 수 있는 사람인지 실제로 시도해보기 전까지
아무도 알 수 없다.
푸블릴리우스 시루스(Publilius Syrus)


'아니오'라고 말할 수 있게 되는 것이 자유를 향한 첫 걸음이다.
니콜라 샹포르(Nicolas Chamfort)


우리가 한 최고의 실수,
난 그걸 비닐에 싸서 청바지에 넣어서, 내 몸에 지니고 다닐 거야.
마크 포스터(Mark Foster)


인생의 가장 큰 영광은 결코 넘어지지 않는 데 있는 것이 아니라
넘어질 때마다 일어서는 데 있다.
넬슨 만델라(Nelson Mandela)


본보기가 필요하면 가서 거울을 보라, 그 안에 당신의 본보기가 있다!
가비 쾨스터(Gaby Köster)

# 용기력 수업

지은이 | 탄야 페터스
옮긴이 | 박은결


펴낸곳 | 마인드큐브
펴낸이 | 이상용
책임편집 | 김인수
디자인 | SNAcommunications(서경아, 남선미)
일러스트 | 권세혁


출판등록 | 제2018-000063호
이메일 | viewpoint300@naver.com
전화 | 031-945-8046
팩스 | 031-945-8047

초판 1쇄 발행 | 2019년 6월 10일
개정 1쇄 발행 | 2021년 4월  5일
개정 2쇄 발행 | 2024년 5월 10일

ISBN | 979-11-88434-48-0 (03320)